Indische Märchen

Susanne Götz

# INDISCHE MÄRCHEN


Nacherzählt von Vladimír Miltner

Illustrationen von Vladimír Tesař



DAUSIEN

Indische Märchen
Nacherzählt von Vladimír Miltner
Ins Deutsche übertragen von Ursula Sedmidubská
Grafische Gestaltung von Bohuslav Blažej

VERLAG WERNER DAUSIEN. HANAU/M
ISBN 3—7684—3735—3
1/01/30/52

# INHALT

Vom klaren blauen Himmel stach unbarmherzig die Sonne. Überall herrschte Stille, nur die Luft flimmerte über dem steinigen Hügelland, das spärlich mit Gräsern und halbvertrockneten Bäumen bewachsen war. Auf einem gewundenen, staubigen Pfad schritt ein Pilger langsam voran. Er war in ein schneeweißes Gewand gehüllt. Ein einfaches Streichinstrument, die Iktar, und ein kleines Bündel, das all seine Habe enthielt, war alles, was er bei sich trug.

Der Pilger betrachtete die Gegend ringsumher, atmete tief die reine Bergluft ein und sprach in Gedanken zu sich: „Ja, das ist mein Indien, meine wunderschöne Heimat, voller unzähliger Düfte und Gerüche, ausgedorrt und verstaubt ein Dreivierteljahr lang und von Wasserfluten überschwemmt im restlichen Viertel des Jahres. Das ist mein Land, das reich ist durch seine unermeßlichen, in den Tiefen der Erde verborgenen Schätze und arm durch die Not seiner unzähligen Einwohner, groß durch seine ruhmreiche Vergangenheit und weise in seinen Wissenschaften und töricht in seinem Aberglauben."

So ging er seines Weges und erreichte gegen Abend ein Dorf, das den Namen Alandi trug.

„Dschagannath ist gekommen!" rief laut ein Mädchen, das aus dem Brunnen am Dorfrand Wasser schöpfte. „Dschagannath ist hier!" erscholl es sogleich wie ein Echo zwischen den Lehmkaten und auf dem Dorfplatz und überall ringsum. Alle Dorfbewohner, alte und junge, begrüßten Dschagannath, ihren guten alten Freund, und hießen ihn herzlich willkommen.

Überall kannte man Dschagannath, und alle freuten sich, wenn er zu ihnen kam und seine Märchen erzählte. Niemand wußte, woher er kam, und auch nicht, wie alt er war. Die ältesten Dorfbewohner sagten, daß Dschagannath schon seine Märchen erzählt habe, als sie selbst noch Kinder waren.

Dschagannath beantwortete die Grüße mit einem Lächeln und wandte sich dem Ufer des Indrajani-Flusses zu, um dort die Müdigkeit der langen Reise von sich zu spülen. Dann setzte er sich unter einen dichtbelaubten Feigenbaum und verzehrte, was ihm die dankbaren Dorfbewohner reichten: Gebratene Teigtäschchen, Weizenfladen, gekochte Bohnen, zerstampfte, mit Salz und Paprika gewürzte Erdnüsse, Joghurt, Saft aus Zuckerrohr und eine große geschälte Zwiebel.

Als die Landleute ihre Wirtschaft aufgeräumt und ihre Tiere versorgt hatten, setzten sich alle zu Dschagannath unter den Feigenbaum, und dieser begann zu erzählen.

# Von den Abenteuern des Königs Wikram

In Udschdschajini herrschte einst ein alter, sehr friedlicher und frommer König. Kurz vor seinem Tode ließ er im Dschungel unweit der Stadt einen herrlichen Tempel errichten, den er Ganescha, dem Gott der Weisheit weihte. Es war ein prächtiger Tempel, und die üppig blühenden Bäume, Sträucher und Lianen, die ihn von allen Seiten umgaben, hoben seine Pracht noch mehr hervor. Inmitten des Tempels leuchtete eine riesige Statue des Ganescha aus purem Golde. Die Säulen, die sie umgaben, waren von oben bis unten mit Szenen aus dem Leben der Götter, Halbgötter und Heiligen geschmückt. Die Pagodenkuppel des Turmes zierten unzählige Statuen, und auf ihrer Spitze wehten Dreieckbanner. In den umliegenden Hütten wohnten die Priester und Mönche.

Als aber der alte König starb und den unmündigen Prinzen Wikramaditja, kurz Wikram genannt, allein zurückließ, wanderten die frommen Männer in andere Gegenden aus, und der Tempel verfiel allmählich so, daß ihn bald der Dschungel verschlang.

Für den jungen Prinzen regierte ein guter und treuer Ratgeber, dessen Sohn Bhatti Wikrams bester Freund wurde. Die Knaben waren gleich alt, doch Bhatti besaß einen bedächtigeren Sinn und wußte den allzu wilden Prinzen oft zu beschwichtigen, wenn dieser sich in gefährliche Spiele und Vergnügungen stürzen wollte.

Als der Prinz herangewachsen war, ernannte er Bhatti zu seinem Ratgeber, denn dessen Vater war inzwischen sanft entschlafen. Wikram regierte das Königreich sehr glücklich, weit und breit war er wegen seiner Freigebigkeit und Gerechtigkeit bekannt. Seine Abenteuerlust aber hatte ihn nicht verlassen, und so war es gut, daß der ruhige und besonnene Bhatti ihm weiter zur Seite stand.

Eines Tages erinnerte sich Bhatti des verlassenen Tempels im Dschungel und machte Wikram den Vorschlag, ihn zum Andenken an Wikrams Vater, den alten König, wieder im alten Glanz erstehen zu lassen. Wikram gefiel dieser Gedanke sehr. Sogleich schickte er einige Holzfäller in den dichten Urwald und befahl ihnen, den Tempel freizulegen. Den Holzfällern folgten die Zimmerleute und Steinmetze, diesen die Schnitzer, Bildhauer und Maler, und es dauerte nicht lange, da erstrahlte auch der goldene Ganescha wieder in all seiner alten Pracht. König Wikram fand an dem Heiligtum solch ein Gefallen, daß er manche Nacht dort mit Bhatti verbrachte.

Einmal träumte er um Mitternacht von seinem toten Vater. Dieser verriet ihm, daß unter dem hundertarmigen Messingkandelaber mit den Räucherstäbchen ein unermeßlich großer Schatz vergraben sei, über den jedoch Gott Ganescha selbst seine schützende Hand halte. Der alte König riet Wikram jedoch, was er tun solle. Zuerst müsse er Ganescha lange Zeit verehren und ihm opfern, damit dieser ihn nicht verfluche. Dann müsse er eine sehr gefahrvolle Probe bestehen um zu erfahren, ob Ganescha von seinem aufrichtigen Glauben überzeugt sei: er müsse von der Turmspitze direkt auf die scharfkantigen Felsblöcke springen, die am Fuße des Tempels liegen. Wenn Ganescha ihm, König Wikram, gewogen sei, würde er ihn vor dem Tode bewahren. Wenn nicht, müsse er sterben.

Gleich am nächsten Morgen erzählte Wikram diesen wundersamen Traum Bhatti und bat ihn um seinen Rat. Bhatti, obwohl sonst so vorsichtig, riet Wikram diesmal, dem Traum zu folgen. König Wikram ehrte also Gott Ganescha und brachte ihm reiche Opfer und Geschenke dar.

Ganescha, der elefantenköpfige Gott, ist ein Sohn des Schiwa und seiner göttlichen Gemahlin Parwati, der Tochter des Himalaja. Ganescha hatte als Kind den Kopf voller Streiche, und als er wieder einmal etwas angestellt hatte, konnte sich sein Vater, Schiwa, nicht halten — er versetzte ihm eine Ohrfeige. Er mußte wohl sehr böse gewesen sein, denn mit diesem Backenstreich schlug er seinem Sohn den Kopf ab, und der rollte ein tüchtiges Stück weit fort. „Da hast du aber etwas angerichtet", rief Parwati. „Eile dich nur schnell, und bringe dem Armen einen anderen. Er kann doch nicht ohne Kopf umherlaufen!" Und Schiwa beeilte sich. Dem ersten Geschöpf, das ihm in den Weg lief, nahm er den Kopf und setzte ihn seinem Sohn zwischen die Schultern. Es war ein Elefantenkopf. Und weil man annehmen darf, daß in einem großen Kopf auch ein hoher Verstand wohnt, wurde Ganescha zum Gott der Weisheit und Beschützer der Scholaren, Weisen, Betrüger und Kaufleute und überhaupt all jener, die bei ihrem Geschäft gut denken und überlegen müssen.

Dies alles wußten auch Wikram und Bhatti.

Nach einiger Zeit fand Bhatti nun, daß Wikram es wagen sollte, den Schatz zu heben. Sie stiegen auf den hohen Turm des Tempels, und der König stürzte sich furchtlos in die Tiefe. Im gleichen Augenblick kam das goldene Götterstandbild aus dem Tempel gelaufen, fing den König sanft in seinen Armen auf, stellte ihn zu Boden und kehrte auf seinen Platz zurück. Gott Ganescha war dem König also wohlgesinnt. Bhatti stieg sogleich vom Turm herab und begann gemeinsam mit Wikram unter dem Messingständer zu graben. Einen Klafter tief fanden sie eine eiserne, reich verzierte Truhe, und als sie sie geöffnet hatten, wurden ihre Augen fast geblendet von der Menge des Goldes und der Diamanten, Rubine, Saphire, Smaragde, Türkise und Perlen, die sich darin befanden. Es war ein unermeßlicher Reichtum. König Wikram behielt jedoch nichts davon für sich selbst. Er verkaufte alles an die Goldschmiede und Juwelenhändler und verteilte das dafür erhaltene Geld unter die Ärmsten seines Reiches. Nur einen großen Smaragd wollte er Bhatti schenken. Dieser aber wehrte ab und sprach: „Mein Freund und König, ich danke dir — doch gewähre mir eine Bitte. Lege diesen Smaragd zu den anderen Kleinodien, die in deinem Besitz sind. Ich verlange nicht nach Reichtum, denn ein Haufen Gold und Edelsteine ist nicht das höchste Gut, wonach ein Weiser trachten sollte." Wikram lächelte, nahm den Smaragd wieder an sich und dachte: „Ich habe wahrlich einen klugen Ratgeber!"

Beide Freunde schliefen nun öfters im Tempel, denn hier war es still und angenehm. Ganescha lehrte Wikram Weisheit und mannigfaltige Geschicklichkeiten, und einmal sprach er zu dem gerechten König: „Du besitzt jetzt so viel Weisheit, wie ein Sterblicher nur haben kann. Ich werde mich fortan nicht mehr vor dir zeigen, will dir aber noch einen Wunsch erfüllen. Sprich, was wünschst du dir?"

Wikram erbat sich einen Tag Bedenkzeit, und anderntags wünschte er sich, seine Seele möge die Fähigkeit erhalten, in einen anderen Körper zu schlüpfen und diesen zu neuem Leben erwecken, wenn dessen eigene Seele schon entflohen sei. Seine, Wikrams, körperliche Hülle aber solle nicht verderben, wenn seine Seele fern sei, sondern auf deren Rückkunft warten.

Ganescha schenkte ihm diese Gabe, wohl wissend, daß Wikram weise genug war, sie nicht zum Bösen zu mißbrauchen. Ihr Zwiegespräch belauschte jedoch ein listiger Zimmermannssohn namens Kuput, der König Wikram und seinem Ratgeber heimlich in den Dschungel gefolgt war, neugierig, was beide wohl so oft im Tempel zu schaffen hätten. Da er aber schwachen Geistes war, begriff er nicht alles, und das sollte später sein Schicksal bestimmen.

Am anderen Morgen wandte sich König Wikram an seinen Freund und Ratgeber Bhatti mit den Worten: „Gott Ganescha verlieh mir die Gabe, mit meiner Seele tote Körper erwecken zu können, während mein eigener Körper die Rückkehr meiner Seele unbeschadet erwartet.“

„Das kann etwas sehr Gutes sein“, sagte Bhatti, „doch begehe nur keinen Fehler, mein König!“

Hierauf traten sie zusammen vor den Tempel, und dort erblickten sie eine tote Drossel. „Sieh nur, Bhatti, die kommt mir gerade gelegen“, sagte Wikram. „Bleibe du hier bei meinem Körper und behüte ihn, bis ich zurückkehre.“ Dann schlüpfte seine Seele in den Körper der Drossel, und die flog sogleich davon.

Und nun hört, was Wikram begegnete.

Zu der Zeit lebte in einer Stadt am Ufer des Tapti-Flusses ein reicher Kaufmann mit seinem Weib. Dieses hatte sich sehr mit der Frau des Barbiers und Baders angefreundet, dessen Häuschen gleich nebenan stand. Der Kaufmann sah die Freundschaft gar nicht gern, denn die Baderin war schlecht und böse. Die Kaufmannsfrau aber achtete nicht auf die Warnungen ihres Mannes, sie trieb alles nach ihrem eigenen Willen. So wurde sie langsam ebenso schlecht und fast noch böser als die Badersfrau selbst.

An dem Tag, als der Kaufmann von einer Handelsreise zurückkehrte, kam König Wikram in Gestalt der Drossel in die Stadt. Der Kaufmann hatte einem benachbarten König herrliche Stoffe aus Banaras und eine reizende Sklavin aus Bengalen zum Geschenk gemacht. Der König hatte sich sehr darüber gefreut und den Kaufmann mit einem wertvollen Ring bedacht. Dieser Ring glänzte in nie gesehener Schönheit, und sicher kostete er ein ganzes Vermögen. Als die Frau des Kaufmanns das Kleinod erblickte, wollte sie es gleich für sich selbst haben, doch der Kaufmann lachte sie nur aus. Er trug den Ring in sein Zimmer, verwahrte ihn in einer Truhe und ging dann fort, um mit seinen Freunden in der Teestube zu plaudern.

Die Kaufmannsfrau rief sogleich die Nachbarin herbei und erzählte ihr von

12) *In Alandi*

dem kostbaren Ring. „Ich möchte ihn wohl sehen", sagte die Baderin, „zeig ihn mir!"

„Das geht nicht", erwiderte die Kaufmannsfrau. „Mein Mann hat ihn in seinem Zimmer in der Truhe versteckt, und da darf ich nicht hinein."

„Sei nicht närrisch", überredete sie die Baderin. „Wenn dein Mann in der Teestube bei seinen Freunden sitzt, dann kehrt er sicher nicht so bald heim. Ich werde ihm schon nichts verraten. Komm nur, zeig mir den Ring!"

Und so gingen sie. Sie betraten die Kammer des Kaufmanns, öffneten die Truhe und sahen dort den Ring liegen. Er blitzte so sehr, daß ihnen die Augen schier übergingen. „Wie schön er ist", seufzte die Baderin. „Wenn wir ihn nähmen und verkauften, so hätten wir eine Menge Geld für Kleider und Geschmeide und für duftende Salben bis ans Ende unseres Lebens!"

„Was fällt dir ein!" rief die Kaufmannsfrau. „Du willst doch wohl nicht meinen Mann bestehlen?"

„Und wenn schon!" entgegnete die Baderin. „Der ist doch ohnehin ein Geizkragen, der dir nicht das Schwarze unterm Nagel gönnt. Und er hat so viel Geld, daß ihm der Verlust dieses Ringes nichts ausmacht. Beim nächsten Mal bringt er dem König wieder irgendeinen Fetzen, und der schenkt ihm dafür einen neuen Ring. — Was überlegst du noch? Den Ring verkaufen wir heimlich, und das Geld teilen wir uns."

„Nein, das können wir nicht tun", zögerte die Kaufmannsfrau. „Wenn es herauskäme, entgingen wir nicht der strengen Strafe. Denke nur an die Schande!"

„Ach was", drängte die Baderin. „Wir sind doch nicht so ungeschickt, uns dabei entdecken zu lassen! Und wo nichts zu beweisen ist, kann einem niemand etwas anhaben." Mit diesen Worten ergriff sie den Ring.

„Nun gut", nickte die Kaufmannsfrau. „Behalte ihn vorläufig, und später verkaufen wir ihn bei guter Gelegenheit an den Wucherer." Die Baderin band den Ring in einen Zipfel ihres Kleides und ging von dannen.

Das alles hatte König Wikram, der als Drossel auf einem Ast über dem Fenster saß, wohl beobachtet. Er war neugierig, wie sich die Sache weiterentwikkeln würde und nahm sich vor, gut aufzupassen.

Als der Kaufmann abends nach Hause kam, wollte er sich, bevor er sich zur Ruhe legte, noch einmal am Anblick des königlichen Geschenkes erfreuen. Aber der Ring war fort. Er erzürnte sich sehr, eilte in das Gemach seiner Frau, zog sie aus ihrem Bett und band sie mit einem festen Hanfseil an einen Pfeiler. „Wo hast du den Ring gelassen, unglückselige Alte!" herrschte er sie an. „Wenn du ihn mir nicht sofort zurückgibst, so bleibst du hier bis morgen früh, bis die Knechte dich vor den Richter schleppen!" Aber die Kaufmannsfrau gestand nichts ein, und der Kaufmann ging, nachdem er sich heiser geschrieen hatte, zu Bett.

Nach einem Weilchen schlüpfte die Baderin herein, band leise die Kaufmannsfrau los und ließ sich selbst an deren Stelle fesseln. Dann sprach sie zu ihr: „Schnell, nimm den Ring und verstecke ihn irgendwo.“ Die Kaufmannsfrau ergriff den Ring und lief aus dem Haus, so schnell sie ihre Beine trugen. Der Kaufmann aber erspähte sie durchs Fenster und glaubte, es wäre ein Dieb. „Herbei, herbei!“ rief er seinen Diener, „schnell, fasse den Dieb, daß er uns nicht entwischt!“ Und sie eilten ebenfalls aus dem Hause.

Die Kaufmannsfrau lief außer Atem bis ans Ufer des Tapti-Flusses. Dort kamen ihr der Kaufmann und sein Diener immer dichter auf die Fersen, und sie begriff endlich, daß sie ihnen nicht entgehen würde. Da kletterte sie schnell in die dichtbelaubte Krone eines Feigenbaums und hoffte, so vor ihren Blicken verborgen zu bleiben. Der Kaufmann und sein Diener machten gerade unter diesem Feigenbaum halt und schauten in die Runde, wohin wohl der Dieb verschwunden sei. Der Mond schickte sein bleiches Licht hernieder, aber von dem Dieb sahen sie weit und breit keine Spur. Da meinte der Diener: „Herr, ich steige auf den Feigenbaum. Vielleicht versteckt er sich dort in den Zweigen.“

Der Kaufmann war's zufrieden. „Gut“, sagte er, „steig hinauf.“

Da gerann der Kaufmannsfrau fast das Blut in den Adern. Aber dann ersann sie eine List. Als der Diener schon ganz nahe gekommen war, flüsterte sie ihm leise zu: „Steig nur höher, mein lieber Knabe, näher zu mir heran! Ich sehne mich schon lange nach deiner Nähe, und nur mein Mann hindert mich, es dir zu entdecken. Komm zu mir und gib mir einen Kuß!“

Als der Diener diese Worte vernahm, kletterte er bis zu der Frau hinauf und küßte sie. Diese aber biß ihm die Zunge ab, so daß er vor Schmerzen hinunterstürzte. Er schrie und klagte, zeigte in die Höhe und stammelte: „Bleble, bleblebIe!“ Der Kaufmann glaubte nichts anderes, als daß auf dem Baum ein böses Gespenst säße, bekam es mit der Angst zu tun und floh über Stock und Stein seinem Hause zu. Der Diener lief hinter ihm drein und stammelte ununterbrochen: „Bleble, blebleble!“

Als sie völlig außer Atem heimkamen, erkannte der Kaufmann im Dunklen nicht, daß statt seiner Frau die Baderin an den Pfeiler gebunden war. Und so schrie er sie an: „Du böses Ungeheuer, du Schande meines Hauses! Deinetwegen wäre ich beinahe einem Gespenst in die Krallen geraten! Daß du dich nicht schämst, du Scheusal!“ Und als sie auf diese Worte nichts erwiderte, griff er zu einem Messer und schnitt ihr die Nase ab. Dann ging er wieder schlafen.

Inzwischen hatte die Kaufmannsfrau den gestohlenen Ring auf einen Zweig gesteckt, war vom Feigenbaum herabgeklettert und vorsichtig heimgeschlichen. Die Baderin empfing sie mit wütendem Geflüster: „Schau nur, wie ich draufgezahlt habe! Dein Grobian hat mir die Nase abgeschnitten!“ Und traurig hielt sie ihr die geöffnete Hand entgegen.

14) *In Alandi*

„Mach dir nur nichts daraus", beschwichtigte sie die Kaufmannsfrau. „Binde mich getrost wieder an den Pfeiler und geh nach Hause. Irgendwie wird es schon gut ausgehen." Die Baderin band sie fest und schlich davon.

Als der Kaufmann erwachte, war es schon taghell. Er wollte die Knechte rufen, damit sie sein Weib zum Richter führten, aber die Kaufmannsfrau begann, kaum daß sie ihn erblickte, laut zu weinen und klagen und rief: „Wie geschieht mir unrecht! Mein Mann verdächtigt mich der schlimmsten Dinge, und keines davon ist wahr! Mein Gott, so wahr ich am Diebstahl des Ringes unschuldig bin, so lasse mir meine Nase, meine allerschönste Nase, die dieser Grobian mir abgeschnitten, wieder anwachsen!"

Der Kaufmann traute seinen Ohren nicht, und als er an den Pfeiler trat, dachte er, daß auch seine Augen ihn trügen: Die Nase seines Weibes saß an ihrem Platz!

Inzwischen schickte sich der Bader im Nachbarhause an, sein Tagewerk zu beginnen, und als seine Frau erschien, rief er ihr zu: „Frau, reiche mir das Schermesser!" Diese aber warf ihm das Messer absichtlich vor die Füße. Da ergrimmte er ob dieser Unbotmäßigkeit und schleuderte die scharfe Klinge zu seiner Frau zurück. Nun begann die Baderin schrecklich zu kreischen: „Hilfe, der Elende warf mit dem Schermesser nach mir und hat mir die Nase abgeschnitten!"

Die Knechte eilten herbei, banden den unschuldigen Barbier und schleppten ihn vor den Richter. Dieser verurteilte ihn zu fünfzig Stockschlägen.

Nun aber flog König Wikram, der in Drosselgestalt alles mit angesehen hatte, zum Richter und sprach zu ihm: „Herr, sei nicht ungerecht! Ich weiß nämlich, wie sich alles zugetragen hat." Und er erzählte dem Richter den ganzen Hergang der Geschichte. Auf dem Feigenbaum am Ufer des Tapti-Flusses fand man den verlorenen Ring, und so war bewiesen, daß der Vogel wahr gesprochen hatte. Der Richter befreite den Barbier von seinen Fesseln und befahl, die beiden verräterischen Frauen durchzupeitschen und aus dem Lande zu jagen. Der Kaufmann und der Bader jedoch verbrachten miteinander noch manche friedliche Stunde in der Teestube.

König Wikram, der den unschuldigen Bader vor der harten Strafe und den Kaufmann vor dem Verlust seines Ringes bewahrt hatte, flog zurück zum Ganescha-Tempel und nahm wieder Besitz von seinem eigenen Körper. Er begrüßte seinen treuen Freund Bhatti und berichtete, was er erlebt hatte. „Es gefällt mir sehr", sagte er, „die Welt mit anderen, denn mit menschlichen Augen zu betrachten."

Bald danach teilte er Bhatti mit, daß er wieder in den Leib eines anderen Wesens schlüpfen wolle. Damit die Bewohner seiner Hauptstadt aber die lange Abwesenheit ihres Königs nicht verwundern sollte, ließ er Bhatti verkünden, der

König sei krank geworden. Dies nun wollte der Zimmermannssohn Kuput ausnützen, der begriffen hatte, daß des Königs Krankheit nur erdacht war und dieser sich in ein anderes Wesen verwandeln wollte. Gleich nach Wikrams Verschwinden wollte er sich dessen Körpers bemächtigen und so selbst König werden. Weder Wikram noch Bhatti ahnten etwas von dieser Absicht. Der König schlüpfte in den Leichnam eines Affen, den er bei einem Ritt durch den Urwald gefunden hatte, und verließ seine Hauptstadt.

Kaum jedoch war er fort, so belebte sich sein Körper von neuem. Das erregte den Argwohn des treuen Bhatti. Er glaubte nicht, daß Wikram vor ihm stünde, denn der König hatte sich doch gerade erst entfernt und wollte längere Zeit umherstreifen!

Er entschloß sich also zu einer Probe und befahl dem Koch, dem vermeintlichen König gewöhnliche und schlecht gewürzte Speisen zu reichen, wie sie sonst die einfachen Leute zu essen pflegen. Die List gelang, denn der falsche König ließ es sich wohlschmecken und hatte keinerlei Einwände. Wie sollte er auch, da er in Wirklichkeit ein Zimmermannssohn war! Bhatti erkannte zwar auf diese Weise, daß hier irgendein Betrug walten müsse, aber er konnte vorerst nichts dagegen unternehmen. Dem Zimmermannssohn selbst war es auch nicht möglich, in seinen verlassenen Körper zurückzukehren, denn dieser hatte inzwischen zu faulen begonnen. Da war guter Rat teuer!

König Wikram hatte sich inzwischen in der Gestalt des Affen unter eine

18) *In Alandi*

Horde seiner augenblicklichen Verwandten gemischt, die im Park und Palast eines benachbarten Königs heimisch war. Die Affen lebten dort herrlich und in Freuden. Der kleine Prinz spielte hin und wieder mit ihnen, und aus der königlichen Küche fielen nicht selten schmackhafte Leckerbissen für sie ab.

Der König besaß auch eine große Schafherde, zu der ein besonders gieriger Hammel gehörte. Das Tier trieb sich Tag und Nacht in der Küche herum und fraß dort alles auf, was es vorfand. Die Köche waren darüber sehr böse und schlugen und bewarfen den Hammel mit allem, was ihnen gerade in die Hände fiel. Doch sie konnten ihm seine Freßgier nicht austreiben.

Wikram warnte die anderen Affen und sprach: „Brüder und Schwestern, dieser Hammel, der in der Küche alles auffrißt, was er vorfindet, wird bald die Ursache unseres Verderbens sein. Nur wenn wir aus diesem Königspark fort, weit in den Dschungel ziehen, können wir ihm entgehen."

Die Affen schauten einander überrascht an, zogen spöttische Grimassen und erwiderten: „Wie könnte irgendein Hammel, ob er sich nun in der Küche herumtreibt oder nicht, uns Affen, die wir nichts Böses anrichten, Verderben bringen? Sag uns, du Schlaukopf, wo gibt es hier einen Zusammenhang?"

„Ihr begreift nicht den Zusammenhang?" fragte Wikram. „Nun, ich werde ihn euch zeigen. Die Köche werfen nach dem Hammel alles, was ihnen in die Hände fällt. Einmal kann es geschehen, daß sie in der Wut ein brennendes Scheit nach ihm schleudern. Seine Wolle wird sofort aufflammen und der Hammel in seiner Verwirrung in den Stall stürmen. Dort liegt, wie ihr wißt, viel Stroh. Der Stall beginnt also zu brennen, und alle Pferde des Königs, die Rappen und Schimmel, die Schecken und die Braunen erleiden schreckliche Wunden. König Tschandra wird sie heilen wollen. Er ruft seinen Tierarzt, und der teilt ihm mit, daß Brandwunden bei Pferden am besten mit Affenfett zu heilen sind. Und dann droht uns allen der sichere Tod, denn der König liebt seine Pferde mehr als uns."

Die Affen lachten ihren Gefährten aus, manche heimlich, andere ganz offen und schamlos und entgegneten ihm: „Du Narr, du überschlauer Tor, wo hast du deinen Verstand gelassen? Wir werden doch diesen schönen Platz nicht verlassen, wo wir so viel Gutes zu Essen bekommen. Wir werden doch nicht in den Dschungel zurückkehren, wo uns nur wilde, kleine und übelschmeckende Früchte erwarten, die so sauer sind, daß sie uns das Maul zusammenziehen. Nein, das tun wir nimmermehr!"

Da sprach König Wikram betrübt: „Schade, daß ihr der Stimme des Verstandes nicht folgen wollt, und ich meine Freunde verlieren soll. Ich ziehe jetzt allein in den Dschungel, und ihr verzehrt nur weiter eure Leckerbissen. Ich will nicht euer Verderben mit ansehen." Und allein ging er in den tiefen Dschungel.

Nach einigen Tagen geschah das, was Wikram befürchtet hatte. Der Hammel war wieder einmal in die Küche gelaufen und stöberte dort umher. Der Koch ergriff in seiner Wut ein brennendes Scheit und zog damit dem Hammel eins über den Rücken. Dessen Fell geriet in Brand, und mit kläglichem Blöken entfloh er in den Stall und wälzte sich dort im Stroh. Das Stroh entzündete sich, und im Nu stand der ganze Stall in hellen Flammen. Viele Pferde verbrannten, andere trugen schreckliche Wunden davon. König Tschandra war entsetzt und empfand großes Mitleid mit seinen geliebten Pferden. Er rief den Tierarzt herbei und fragte ihn: „Welches, gelehrter Meister, ist das wirksamste Mittel zur Heilung dieser gräßlichen Brandwunden?"

Der Arzt zupfte sich am Bart und erwiderte: „Es gibt viele lindernde Salben, mein König, aber das beste und wirksamste Mittel ist Affenfett."

Als der König das vernahm, befahl er seinen Soldaten, alle Affen im königlichen Park zu töten und ihr Fett dem Tierarzt zu bringen. Und so kam es, wie es König Wikram prophezeit hatte.

Wikram mußte dies alles nicht mit eigenen Augen ansehen, aber er hörte doch davon, denn alle Tiere sprachen miteinander von diesem schrecklichen Ereignis. Traurig sagte er sich: „Das ist eine Ungerechtigkeit, die ich nicht ertragen kann! Ich muß an dem grausamen König Tschandra alle anderen Affen rächen."

Auf seinen Streifzügen durch den Dschungel gelangte Wikram einmal auch zu einem schönen, klaren Weiher, an dessen Rande weiße, blaue und rosa Lotosblumen blühten. Ihn plagte großer Durst, und er wollte gerade trinken, als er bemerkte, daß in den Weiher zwar Spuren hinein-, aber keine herausführten. „Sicher ist hier im Wasser irgendein Dämon verborgen!" dachte er. „Ich muß vorsichtig trinken, damit er mir nichts anhaben kann." Wikram brach sich ein Schilfrohr ab und stillte so seinen Durst, einige Schritte vom Ufer entfernt. Als er noch trank, wellte sich die Oberfläche des Wassers, und in der Mitte des Weihers tauchte ein häßlicher Dämon auf, der ein prächtiges Halsband aus Edelsteinen trug. Er brach in ein furchterregendes Gelächter aus und sprach zu Wikram: „Ich bin der unersättliche Dämon Schunga. Wer in den Weiher steigt, den fresse ich. Aber mein Leben lang habe ich noch kein so gerissenes Geschöpf gesehen wie du es bist, Affe, der du durch ein Schilfrohr trinkst. Das gefällt mir, und deshalb darfst du eine Bitte äußern, die ich dir erfüllen werde."

„Wenn du ein unersättlicher Dämon bist, so sage mir, wieviel du eigentlich fressen kannst", entgegnete Wikram.

„Ich kann Hunderte, Tausende, ja sogar Hunderttausende von jenen verschlingen, die ins Wasser steigen. Auf dem Trockenen bin ich allerdings so schwach, daß mich ein neugeborenes Hündchen bezwingen kann."

„Nun, Schunga, gib mir dein Halsband aus Edelsteinen, und ich werde dir alle Höflinge des Königs Tschandra in deinen Weiher führen", sagte der Affe.

Schunga reichte ihm das Geschmeide, und Wikram kehrte in die Stadt zurück. Er hängte sich das Halsband um, und sprang im königlichen Park von Baum zu Baum. Als ihn die Höflinge erblickten, wunderten sie sich sehr und riefen ihm zu: „He, du, Affe, komm einmal her! Wer hat dir das herrliche Halsband mit den kostbaren Edelsteinen gegeben?"

Und Wikram erwiderte: „Im Dschungel versteckt liegt ein Weiher, der dem Beherrscher aller Schätze gehört. Wer dort hineintaucht, wenn die Sonne über den Horizont steigt, der kommt mit einem solchen Halsband wieder empor."

König Tschandra erfuhr bald von diesem Wunder und befahl seinen Dienern, den sonderbaren Affen vor ihn zu bringen. Als Wikram eintrat, fragte er ihn: „Ist es wahr, was du meinen Leuten erzählt hast, und was sie mir berichteten?"

„Aber sicher, o König! Hier schau es dir an, und du wirst mir glauben", antwortete Wikram.

König Tschandra wurde von großer Gier ergriffen und sprach hastig: „Ich will mit meinem ganzen Hofstaat zu diesem Weiher gehen, damit wir auch solche Halsbänder gewinnen. Gleich morgen früh wirst du uns an den Ort führen." Und so geschah es.

Als sie beim Morgengrauen an den Weiher kamen, sagte der Affe Wikram zu König Tschandra: „Mein König! Laß zuerst all deine Höflinge in den Weiher steigen. Dann will ich dir etwas wichtiges verraten." Die Höflinge versanken im Wasser, und der unersättliche Dämon Schunga verschlang sie alle nacheinander. Der Affe Wikram erkletterte geschwind einen hohen Baum, und von dort rief er dem König Tschandra zu: „Oh, du grausamer König! Deinen Hofstaat erwartest du vergebens! Sie alle hat der unersättliche Dämon Schunga verschlungen, der in diesem Weiher haust. Das ist meine Rache dafür, daß du mutwillig den Affenstamm ausgerottet hast, der in deinem Park lebte." Da senkte König Tschandra beschämt den Kopf und entfernte sich voller Trauer. Wikram kehrte, nachdem er die erschlagenen Affen gerächt hatte, nach Udschdschajini zurück.

In seinem Körper weilte jedoch noch immer der Zimmermannssohn Kuput, so daß König Wikram vorerst ein Affe bleiben mußte. Bhatti überlegte lange vergeblich, wie man Kuput aus dem Leib des Königs verdrängen könnte, aber schließlich fiel ihm doch etwas ein. Er ließ einen Hammelkampf veranstalten, denn er wußte, daß Kuput leidenschaftlich gern wettete und auf seinen Hammel immer sehr hohe Summen setzte. Dann verschaffte er sich rechtzeitig einen besonders starken Hammel aus Kaschmir. Als die Tiere zu kämpfen begannen, wurde sehr bald deutlich, daß Bhattis Hammel siegen würde. Der falsche König knirschte mit den Zähnen und ballte die Fäuste, aber das half ihm nichts, denn in diesem Augenblick stürmten die Hammel wieder aufeinander los, und gleich darauf fiel Kuputs Hammel tot um. Kuput, der die Wette nicht verlieren wollte, verwandelte sich schnell in einen Hammel und warf sich dann in den Kampf. Diesen Augenblick nützte König Wikram und schlüpfte schnell in seinen eigenen Körper, während Bhatti sein Schwert zog und Kuput in Gestalt des Hammels erschlug. So brachte der König seinen Leib und die Regierung des Reiches wieder an sich.

In Udschdschajini stand auf dem Platz vor dem Königspalast eine kleine Marktbude. Ihr Besitzer bot allerlei gute Dinge feil: Nüsse, Mandeln, Rosinen und Backobst. Vor allem aber bekam man bei ihm die verschiedensten Arten von Betelrollen, die er immer nach dem Wunsch des Käufers vor dessen Augen anfertigte. Er nahm ein hellgrünes Betelblatt, bestrich es mit einer dünnen Kalkschicht, gab Nüsse, Gewürze und andere Leckerbissen dazu und wickelte dann das Ganze zu einer Rolle, die er mit Gewürznelken zusammensteckte. Darauf reichte er die fertige Rolle dem Kunden und freute sich, wenn man sein Erzeugnis lobte.

Zu diesem Marktstand kam Tag für Tag ein wunderschönes, mit kostbaren Perlen und Edelsteinen geschmücktes Mädchen. Niemand kannte sie. Stets kaufte sie nur eine Betelrolle, bezahlte mit einem ganzen Gulden und entfernte sich schweigend. Niemals versuchte sie, den Preis herunterzuhandeln.

Der Besitzer der Bude hatte schon oft über dieses seltsame Mädchen nachgedacht, aber er war noch zu keinem Schluß gekommen. Einmal erwähnte er bei seinem Freund, einem Priester des Königs, der den Opferdienst versah, die geheimnisvolle Käuferin. Der Priester, der sehr neugierig war, beschloß, der Sache nachzugehen. Am folgenden Tag stellte er sich auf den Markt, und als das Mädchen wie üblich seine Betelrolle kaufte und wieder davonging, folgte er ihr heimlich nach.

Das Mädchen verließ die Stadt und ging auf einen bewaldeten Berg zu. Unterhalb des Gipfels befand sich der Eingang in eine dunkle Höhle. Das Mädchen schlüpfte hinein und entschwand seinen Blicken.

Der Priester beschloß nach einigem Zögern, ihr zu folgen. Vorsichtig betrat er die Höhle und tastete sich langsam voran. Da öffnete sich der Felsen, und der überraschte Priester hatte einen wunderbaren Anblick. Eine große Stadt, in deren Mitte sich ein lieblicher Garten mit einem goldenen Schloß befand, lag vor ihm. „Das ist eine hübsche Stadt", dachte der Priester. „Ich will weitergehen und feststellen, wer hier wohl regiert." Und er ging direkt auf das Schloß zu.

Als er in den Garten kam, sah er das Mädchen, welchem er gefolgt war, unter vielen anderen, die ihm ähnelten. Er trat näher und grüßte höflich. Die Mädchen betrachteten ihn wortlos und verbeugten sich leicht.

„Wer seid ihr und wer regiert hier?" fragte der Priester.

Eins der Mädchen erwiderte: „Hier herrscht unsere Königin Abol-rani, und wir sind ihr Gefolge. Unsere Königin sieht es nicht gern, wenn Fremde hierher

22) *In Alandi*

kommen. Kehre lieber dorthin zurück, heiliger Mann, woher du gekommen bist!"

„Das werde ich nicht tun", sagte der Priester, „denn ich möchte gern eure Königin kennenlernen, um ihr meine Ehrerbietung zu erweisen."

„Unsere Königin legt darauf keinen Wert", sprach das Mädchen. „Sie lebt abgeschieden von der Welt hinter vier Vorhängen und empfängt niemanden."

Der Priester aber bestand auf seinem Wunsch: „Ich werde mich nicht von der Stelle rühren, bevor ich nicht eure Königin gesehen habe!"

„Nun", lächelte das Mädchen, „wenn du so sehr auf einem Treffen mit unserer Königin bestehst, so komm und bade zuerst in diesem Teich." Und die Mädchen umringten den Priester und führten ihn zu einem Gewässer, an dessen Ufer herrliche Lotosblumen in allen Farben blühten.

Kaum hatte jedoch der Priester die Oberfläche des Teiches berührt, so begann sich alles um ihn herum zu drehen. Es wurde ihm dunkel vor den Augen, und plötzlich fand er sich auf dem Marktplatz in Udschdschajini vor der Bude wieder, in der das Mädchen die Betelrollen zu kaufen pflegte. Der Priester konnte nicht begreifen, was ihm geschehen war. Verwirrt ging er heim und legte sich zur Ruhe nieder. Doch der Schlaf wollte nicht kommen, und er wälzte sich bis zum Morgen unruhig auf seinem Lager.

Gleich in der Frühe eilte er zu König Wikram und berichtete ihm alles ausführlich. Dieser lauschte interessiert, und als der Priester geendet hatte, befahl er ihm: „Gleich jetzt kommst du mit und zeigst mir diese Höhle!" Und so geschah es.

Am Berghang betrat Wikram die Höhle, und der Priester kehrte nach Udschdschajini zurück. Der König ging unerschrocken immer tiefer ins Dunkle, bis sich schließlich der Felsen vor ihm öffnete und er die Stadt der Königin Abol-rani erblickte. Entschlossen ging er zu dem goldenen Schloß.

Im Garten waren die Mädchen und wanden der Königin Blumenkränze. König Wikram trat näher, grüßte sie und fragte: „Wer seid ihr, und wer regiert hier?" Die Mädchen verneigten sich vor ihm.

Dann antwortete eins von ihnen: „Wir sind das Gefolge der Königin Abol-rani. Sie herrscht hier."

„Ich bin König Wikramaditja aus Udschdschajini und möchte eure Königin gern kennenlernen."

Die Mädchen schauten einander lächelnd an und eine sagte: „Gut, komm mit uns, aber zuerst mußt du in diesem Teich baden."

König Wikram lachte auf und erwiderte dann: „Ich will nicht auf diesem seltsamen Wege nach Udschdschajini zurückkehren. Ich möchte mit der Königin Abol-rani bekannt werden, und erst dann werde ich in diesem Teich baden, falls ihr es noch wünscht." Die Mädchen waren überrascht, daß der König ihre List durchschaut hatte, und sagten: „So werden wir dich also melden. Wenn die Königin dich empfangen will, dann ist es gut. Sie lebt aber hinter vier Vorhängen verborgen, und du wirst sie ohnehin nicht erblicken."

„Abwarten", lächelte König Wikram, und die Mädchen verließen ihn, um Königin Abol-rani den Besucher zu melden. Nach einem Augenblick traten sie wieder heraus, und eine von ihnen sprach: „Du darfst eintreten. Die Königin empfängt dich, aber sie wird mit dir kein Wort reden, denn sie spricht mit keinem Mann. Und da du sie hinter den vier Vorhängen nicht einmal sehen kannst, weiß ich nicht, warum dir so viel daran gelegen ist, von unserer Königin empfangen zu werden."

„Das ist meine Sache", entgegnete König Wikram, und in Begleitung der Mädchen betrat er das goldene Schloß. Das Mädchen aber antwortete: „Du wirst all deine Weisheit und deinen Mut brauchen, damit die vier Vorhänge, hinter denen unsere Königin lebt, zu Boden fallen, ehe die Sonne versinkt. Erst dann wirst du die Königin erblicken, erst dann wird sie mit dir sprechen. Gelingt dir dies aber nicht, so mußt du sterben!"

Mit diesen Worten betraten sie einen herrlichen Saal. Sein Fußboden war aus kostbaren Hölzern gearbeitet, seine Wände schmückten herrliche Edelsteine, und die Decke bestand aus reinem Kristall. Hinter vier schweren Vorhängen, die Stickereien in verschiedenen Farben und Mustern zierten, ruhte auf einem weichen Lager aus Leopardenfell die Königin Abol-rani. König Wikram blieb sie jedoch verborgen. Die Mädchen bedeuteten ihm, Platz zu nehmen, und setzten sich ebenfalls.

„Sei gegrüßt, Königin Abol-rani", begann Wikram. „Ich bin aus Udschdschajini gekommen, um dich kennenzulernen, und danke dir, daß du mich empfangen hast." Die Vorhänge bewegten sich leicht, doch die Königin blieb stumm. „Nun", fuhr König Wikram fort, „wenn mir die Königin nicht antworten will, so tun es vielleicht ihre Ohrringe!" Die Mädchen lachten fröhlich über diesen Einfall, doch zu ihrer Überraschung erklangen die Ohrringe der Königin ganz zart und erwiderten: „Wir hören dich, König, und antworten dir!"

„Ich werde euch eine Geschichte erzählen", sprach König Wikram, und begann:

„In einem Dorfe lebten einmal vier Jünglinge, die gute Freunde waren. Einer entstammte dem Priesterstande, der zweite kam aus der Kriegerkaste, der Vater des dritten war ein Kaufmann und des vierten ein Tagelöhner. Diese vier Freunde beschlossen, gemeinsam in die Welt zu ziehen und ein Handwerk zu erlernen. So nahmen sie also Abschied von Eltern und Verwandten und machten sich auf den Weg.

Gegen Abend erreichten sie ein fremdes Dorf, und hier baten sie einen

Holzschnitzer um Unterkunft für die Nacht. Als sie am Morgen aufbrechen wollten, bot ihnen der Schnitzer an, einen von ihnen in die Lehre zu nehmen. So blieb der Sohn des Tagelöhners bei ihm, und die anderen drei wanderten weiter.

Am Abend dieses Tages baten sie einen Weber um ein Nachtlager. Auch dieser bot den Jünglingen an, einen von ihnen in die Lehre zu nehmen, und so blieb der Kaufmannssohn bei ihm.

Am nächsten Morgen zogen nur noch zwei Freunde weiter. Nachdem sie am Abend ein Dorf erreicht hatten, verbrachten sie die Nacht bei einem Goldschmied. Bei diesem blieb der Sohn des Kriegers als Lehrling zurück.

Nun setzte nur noch der Sohn des Priesters seinen Weg fort. Gegen Abend gelangte er in einen Wald. Dort fand er eine Einsiedelei, in der ein heiliger Mann lebte, und dieser nahm den vierten in die Lehre.

So fanden alle vier Freunde ihren Meister, und jeder lernte fleißig sein Handwerk. Als zwölf Jahre vergangen waren, verabschiedete sich der Sohn des Priesters von dem heiligen Mann und wandte sich seiner Heimat zu. Beim Goldschmied machte er Rast, um seinen Freund, den Sohn des Kriegers, abzuholen, dann gingen beide zum Weber, um den Kaufmannssohn mitzunehmen, und zu dritt gelangten sie schließlich zum Holzschnitzer, wo sie der Sohn des Tagelöhners erwartete. Darauf kehrten alle miteinander in ihr Heimatdorf zurück.

Aber noch bevor sie es erreichten, wurden sie im Walde von der Nacht überrascht. Sie legten sich also ins weiche Moos und beschlossen, abwechselnd Wache zu halten. Als erster war der Holzschnitzer an der Reihe. Er langweilte sich bei seiner Wache, und um nicht einzuschlafen, suchte er sich einen großen Ast und schnitzte daraus eine Mädchenfigur. Der Weber, der als nächster wachen mußte, webte ihr Kleider. Der Goldschmied, den das Los als dritten getroffen hatte, fertigte ihr Ohrringe, Armbänder, Ringe und ein Halsband an, und der Priester, der schließlich die letzte Wache übernahm, beschloß, dem hölzernen Mädchen Leben einzuhauchen. Er sprach ein paar Zauberformeln über die Holzfigur, und schon öffnete das Mädchen die Augen und fing an zu sprechen.

Nun aber gerieten die vier Freunde in Streit, welchem das Mädchen gehören sollte."

König Wikram hatte seine Erzählung beendet und fügte hinzu: „Sagt mir, meine lieben Ohrringe, welchem der vier gehört das Mädchen zu Recht?"

Die Ohrringe erklangen ganz zart und sagten: „Das Mädchen gehört demjenigen, der ihm das Leben gab."

In diesem Augenblick aber rief die Königin Abol-rani, die mit der Antwort nicht zufrieden war: „Das ist unsinnig und ohne Verstand!" Sie riß sich ihre Ohrringe ab und schleuderte sie zu Boden. „Ihr seid es nicht wert, daß ich euch trage! Der Jüngling der ihm das Leben gab, ist wie Gott. Wer es schuf, ist wie sein

Vater, wer es kleidete, wie sein Bruder. Derjenige aber, der es schmückte, ist ihr Ehemann. Das Mädchen gehörte also zu Recht dem Goldschmied!" Kaum hatte die Königin zu Ende gesprochen, so sank der erste Vorhang zu Boden, und nur noch drei weitere verbargen sie vor Wikrams Blicken.

„Ich werde also eine zweite Geschichte erzählen", begann König Wikram zu reden. „Wenn mir die Königin nicht antworten will, so tut es vielleicht ihr Halsband!" Die Mädchen der Königin brachen in fröhliches Gelächter aus, aber das Halsband klirrte leise und antwortete: „Ich höre dich, König, und antworte dir!"

Und König Wikram begann wieder zu erzählen.

„In einer Stadt lebte ein Kaufherr mit Frau und Sohn. Nach einiger Zeit gebar ihm seine Frau noch eine Tochter, der sie den Namen Tschandraprabha — Mondglanz — gaben. Als Tschandraprabha herangewachsen war, gab es kein schöneres Mädchen im ganzen Königreich. Von weit her kamen die Freier in das Haus des Kaufherrn und hielten um die Hand seiner Tochter an.

Eines Tages erwählte der Kaufherr unter den Freiern einen Handwerker, der einen Himmelswagen bauen und sich mit ihm in die Lüfte erheben konnte, wie es sonst nur die Götter vermögen. Am selben Tage hatte die Frau des Kaufherrn, die von der Entscheidung ihres Mannes nichts wußte, die Tochter einem weisen Propheten versprochen, der alles aus der Vergangenheit, Gegenwart und der Zukunft kannte. Und ihr Sohn, ohne zu ahnen, was seine Eltern beschlossen hatten, versprach seine Schwester einem Krieger aus der Kaste der Kschatrij. Als der Kaufherr, seine Frau und ihr Sohn bemerkten, daß sie jeder Tschandraprabha einem anderen Bräutigam versprochen hatten, waren sie sehr verwirrt und in großer Verlegenheit.

An einem bestimmten Tag, den die Sterndeuter nach dem Stand und der Bewegung der Gestirne und auch nach ihren weisen Büchern festgelegt hatten, trafen die drei Freier — der Handwerker, der Weise und der Krieger — im Hause des Kaufherrn ein. Die liebliche Tschandraprabha zeigte sich jedoch nicht. Sie war auf rätselhafte Weise verschwunden, und niemand wußte, wohin. Vergeblich suchte man sie im ganzen Haus, im Garten und in der Stadt. Es half alles nichts.

Da wandte sich der unglückliche Vater an den Weisen: ‚Du bist doch ein Prophet! Sage mir, wenn du kannst, wo meine Tochter geblieben ist!' Der Weise schloß die Augen, überlegte ein Weilchen, und sprach dann: ‚Deine Tochter hat der böse Geist Pischatsch in seine Höhle im Himalajagebirge entführt.'

‚Ach wehe, wehe!' klagte die Frau des Kaufherrn. ‚Ich werde mein geliebtes Kind nie wiedersehen!'

‚Verliert nicht alle Hoffnung!' rief da der Handwerker. ‚Ich baue einen Himmelswagen, und dieser wird uns schnell dorthin tragen.' Wie gesagt, so getan.

26) *In Alandi*

Als der Himmelswagen fertig war, nahmen der Handwerker, der Weise und der Krieger darin Platz und erhoben sich in die Lüfte.

Als sie das Himalajagebirge erreicht hatten, trat ihnen der böse Geist Pischatsch wütend entgegen. Doch der Krieger, aus der Kaste der Kschatrij, stellte sich ihm mit seinen Waffen unerschrocken entgegen. Es entbrannte ein heftiger Kampf, der nicht lange dauerte, denn der Krieger erschlug den bösen Geist. Danach kehrten sie mit der geretteten Tschandraprabha nach Hause zurück.

Die Eltern und der Bruder des Mädchens waren glücklich, sie lebend und unversehrt wiederzusehen, doch nun entstand ein Streit, welchen der drei Freier Tschandraprabha heiraten solle."

König Wikram hatte seine Erzählung beendet und fügte hinzu: „Sag mir, mein liebes Halsband, wem von ihnen gehört das Mädchen zu Recht?"

Das Halsband klirrte leise und sagte: „Das Mädchen gehört dem, der durch die Kraft seines Geistes sagen konnte, wo sie der böse Geist gefangen hielt."

In diesem Augenblick aber rief die Königin Abol-rani, die mit der Antwort unzufrieden war: „Das ist unsinnig und ohne Verstand!" Sie riß ihr Halsband herunter und schleuderte es zu Boden. „Du bist es nicht wert, daß ich dich trage! Das Mädchen gehört dem Krieger aus der Kaste der Kschatrij! Er setzte für sie sein Leben ein und rettete sie durch die Kraft seiner Arme und die Schärfe seiner Waffen! Der Prophet und der Handwerker waren nur seine Gehilfen. Sind Wahrsager und Handwerker nicht gerade zu diesem Zweck auf der Welt?" Kaum hatte die Königin zu Ende gesprochen, so sank der zweite Vorhang zu Boden, und nur noch zwei verbargen sie vor Wikrams Blicken.

„Ich werde nun eine dritte Geschichte erzählen", begann König Wikram wieder von neuem. „Wenn mir die Königin nicht antworten will, so tut es vielleicht ihr Armband!" Die Mädchen der Königin lachten belustigt, aber das Armband klingelte leise und antwortete: „Ich höre dich, König, und antworte dir!"

Und König Wikram begann zu erzählen.

„In einem großen Reiche lebten einmal ein König und eine Königin. Sie hatten keine Kinder, und das machte sie sehr traurig. Oft opferten sie der Göttin Parwati und brachten ihr Geschenke dar, damit sie ihnen einen Sohn beschere — und wirklich, eines Tages genas die Königin eines Knäbleins. Die Eltern waren darüber sehr glücklich und gaben ihm den Namen Madhukar. Aus Dankbarkeit opferten sie der Göttin auch weiterhin und hielten auch ihren Sohn dazu an. Jedesmal, wenn der Prinz Madhukar an einem Tempel vorbeikam, der der Göttin Parwati geweiht war, trat er ein und opferte der Göttin wenigstens eine Handvoll Reis oder ein paar Blüten.

Als er herangewachsen war, vermählte er sich mit dem schönsten Mädchen, das er finden konnte, mit Kumudini, der Königstochter des Nachbarreiches. Bald nach der Hochzeit überließ der alte König seinem Sohn die Herrschaft, und so wurde Madhukar König und Kumudini Königin.

Einmal, als das große Frühjahrsfest herannahte, beschlossen Madhukar und Kumudini, die Eltern der jungen Königin zu besuchen, deren Hauptstadt nicht allzu weit entfernt war. Sie bestiegen ihre Staatskarosse, baten Madhukars besten Freund und Ratgeber sie zu begleiten und den Wagen zu lenken, dann fuhren sie davon.

Unterwegs trafen sie auf einen besonders reich geschmückten Tempel der Göttin Parwati. Madhukar bat seinen Ratgeber, die Rosse anzuhalten, und als der Wagen stand, stieg er aus und sprach zu seiner Gemahlin: ‚Ich will der Göttin Parwati, der ich mein Leben verdanke, ein Opfer bringen. Wartet hier ein Weilchen auf mich.' Am nahen Weiher pflückte er einige Lotosblüten, betrat den Tempel, legte der Göttin die Blüten zu Füßen und versprach ihr, auf dem Rückweg ein weiteres Opfer zu bringen. Dann verließ er den Tempel, nahm wieder im Wagen Platz, und sie setzten ihre Reise fort.

Als das Frühjahrsfest zu Ende war, verabschiedeten sich alle Gäste, und auch Madhukar kehrte mit seiner Gemahlin Kumudini und seinem Ratgeber, der wieder die Rosse lenkte, in sein Reich zurück. Vor dem Tempel der Göttin Parwati ließ der König anhalten und wollte das versprochene Opfer bringen. Doch der Lotos war schon verblüht, und er fand keine einzige Blüte mehr. Madhukar ging schuldbewußt in den Tempel, und betend überlegte er, was er tun sollte. Er besaß nichts, was er der Göttin opfern konnte. Das einzige was er ihr opfern konnte, war sein Leben. Ohne lange zu überlegen zog er sein Schwert und schlug sich den Kopf ab.

Die Königin Kumudini und der Ratgeber warteten lange auf die Rückkehr des Königs, bis dieser schließlich bat: ‚Erlaube mir, meine Königin, dem König nachzugehen. Sicher ist er so tief in sein Gebet versunken, daß er die Zeit vergessen hat.' Die Königin gewährte seine Bitte, und der Ratgeber trat in den Tempel. Wie erschrak er jedoch, als er den toten König erblickte. Sein Herz wurde ihm schwer aus Trauer über den Freund und aus Mitleid mit der Königin. Wie sollte er ihr die schreckliche Kunde nur überbringen? So zog er sein Schwert und schlug sich ebenfalls den Kopf ab.

Die Königin wurde ungeduldig, als weder ihr Gemahl noch dessen Freund wieder erschienen. Sie stieg aus dem Wagen und betrat selbst den Tempel der Göttin Parwati. Als sie aber die beiden toten Männer liegen sah, begann sie herzzerreißend zu weinen und rief: ‚Was bleibt mir nun übrig? Alles habe ich verloren! Für mich hat das Leben keinen Sinn mehr! Auch ich will sterben!' Und schon ergriff sie Madhukars Schwert und wollte sich ebenfalls töten. Da erschien

28) *In Alandi*

jedoch die Göttin Parwati selbst im Tempel und sprach zu ihr mit freundlicher Stimme: ‚Halte ein, Mädchen! Genug der Opfer! Wenn du deinen Mann und seinen Freund zu neuem Leben erwecken willst, so nimm die Häupter und lege sie an die Körper.‘ Dann verschwand die Göttin wieder.

Königin Kumudini tat freudig, was die Göttin ihr befohlen hatte. Sie legte die beiden Köpfe wieder an die Körper. Augenblicklich wuchsen sie zusammen, und beide Männer standen lebend und gesund vor ihr. Aber o weh! Die Königin hatte sich in der Eile geirrt und die Köpfe und Körper miteinander vertauscht. Den Kopf ihres Gemahls Madhukar hatte sie an den Körper des Ratgebers und dessen Kopf an den Körper des Königs gelegt!“

König Wikram hatte seine Erzählung beendet und fügte hinzu: „Sage mir, mein liebes Armband, welchem von beiden gehörte die Königin zu Recht?“

Das Armband klingelte leise und sagte: „Die Königin gehörte dem, der den Körper des Königs besaß, denn der Körper ist größer als der Kopf.“

In diesem Augenblick aber rief die Königin Abol-rani, die mit der Antwort unzufrieden war: „Das ist unsinnig und ohne Verstand!“ Sie streifte ihr Armband ab und schleuderte es zu Boden. „Du bist es nicht wert, daß ich dich trage! Die Königin gehörte demjenigen, der den Kopf des Königs trug! Denn der Kopf ist von allen Gliedern das wichtigste; er trägt das menschliche Antlitz und in ihm wohnt der Verstand.“ Kaum hatte die Königin zu Ende gesprochen, so sank auch der dritte Vorhang zu Boden, und nur noch einer verbarg sie vor Wikrams Blicken.

„Nun werde ich die vierte und letzte Geschichte erzählen“, begann wieder König Wikram. „Wenn mir die Königin nicht antworten will, so tut es vielleicht ihr Smaragdring!“ Die Mädchen der Königin lachten nun nicht mehr, denn sie hatten König Wikrams Macht wohl erkannt und wußten, daß der Ring antworten muß, wenn der König es will. Und wirklich, der Smaragdring strahlte auf in einem dunkelgrünen Licht und antwortete: „Ich höre dich, König, und antworte dir!“

Und König Wikram begann zu erzählen: „In einem Reich im Süden herrschte einmal ein guter und gerechter König. Einige Höflinge zettelten jedoch eine Verschwörung gegen ihn an, und so mußte der gute König mit seiner Frau und Tochter in der Nacht sein Reich verlassen. Als sie schon die Grenze zum Nachbarreich überschritten hatten und gerade durch einen finsteren Wald ritten, wurden sie plötzlich von Schabaren überfallen, einem Stamm, der dort von der Jagd lebte und auch einsame Reisende nicht verschonte. Der König kämpfte zwar gegen die Räuber wie ein Löwe, doch die Übermacht der Schabaren war so groß, daß er schließlich unterliegen mußte und sein Leben verlor. Die Königin und die Prinzessin hatten sich während des ungleichen Treffens angstvoll ins Dickicht geflüchtet. Als nun der Kampf entschieden war und die Schabaren mit ihrer Beute abgezogen waren, erkannten die Frauen ihre verzweifelte Lage und eilten bitterlich weinend von diesem Ort des Grauens fort. Erst am Ufer eines kleinen Sees, an dessen Rand herrliche Lotosblumen blühten, machten sie halt, um sich auszuruhen.

Zur selben Zeit befanden sich der König des Landes und sein Sohn auf der Jagd. Im dichten Wald entdeckten sie die Fußspuren der beiden Flüchtenden.

‚Sieh nur, hier sind zwei Frauen gelaufen', sprach der König. ‚Wir wollen ihnen nachreiten und sie fragen, ob sie unsere Gemahlinnen werden wollen.'

‚Dann möchte ich aber die Frau mit den kleinen Füßen haben', sagte der Prinz. ‚Sie ist sicher die Jüngere.' Der König war einverstanden, und so gaben sie den Rossen die Sporen und folgten den Fußspuren. Nach kurzer Zeit erreichten sie den See und erblickten dort die Königin und die Prinzessin, die am Ufer ausruhten.

Als die Königin die beiden Reiter sah, sprang sie auf, denn sie glaubte, es drohe ihnen neue Gefahr. ‚Schnell!' rief sie ihrer Tochter zu, ‚laß uns fliehen!' Doch mit einem Blick auf die beiden Männer erwiderte die Prinzessin: ‚Sei ohne Furcht, Mutter! Das sind keine Räuber. Es sind Jäger. Sie werden uns vielleicht helfen können.'

Inzwischen waren der König und sein Sohn herangeritten. Sie sprangen von den Pferden, und der König sprach freundlich zu den beiden Verlassenen: ‚Wer seid ihr? Wo kommt ihr her, und wohin führt euer Weg?'

Darauf erzählte die unglückliche Königin ihre traurige Geschichte.

‚Euer Schicksal dauert mich', sagte der König. ‚doch nun hört: meine Frau ist schon vor vielen Jahren gestorben, und mein Sohn ist noch unverheiratet. Wollt ihr mit uns kommen und unsere Gemahlinnen werden?'

‚Wer von euch die größeren Füße hat, soll die Frau meines Vaters, und wer die kleineren Füße hat, soll meine Frau werden', fügte der Prinz hinzu.

Die Königin und die Prinzessin waren von der Wende ihres Schicksals so überrascht, daß sie zunächst kein Wort hervorzubringen vermochten. Doch plötzlich lachte die Prinzessin auf und sprach:

‚Da meine Mutter die kleineren Füße hat, wird sie also deine Frau, Prinz, und ich werde, da ich die größeren Füße habe, die Frau des Königs.'

Auch der König lachte. Er war froh, daß er eine so hübsche, junge Frau bekommen sollte. Die Königin und die Prinzessin stimmten nach einigem Zögern dem Antrag ihrer Freier zu, denn sie waren froh, wieder ein neues Heim zu bekommen. Der Prinz aber schwieg.

Einige Zeit darauf fand in der Residenzstadt eine große Doppelhochzeit statt. Da gab es viel zu schauen und zu bestaunen! Die Tochter wurde so zur Schwiegermutter ihrer eigenen Mutter und die Mutter zur Schwiegertochter ihrer eigenen Tochter. Der Sohn wurde seines Vaters Schwiegervater und der Vater seines Sohnes Schwiegersohn. Und dann wurden in beiden Ehen Söhne und Töchter geboren."

König Wikram hatte zu Ende erzählt und fügte hinzu: „Sage mir, mein lieber Smaragdring, in welchem Verwandtschaftsverhältnis stehen die Kinder aus diesen beiden Ehen zueinander?"

Der Smaragdring erstrahlte wieder in dunkelgrünem Feuer und sagte: „Darauf kann ich nicht antworten, o König. Ich weiß es nicht!"

In dem Augenblick rief die Königin Abol-rani, die diesmal mit der Antwort zufrieden war: „Ja, mein Smaragdring, du bist es wert, daß ich dich trage! Du schämst dich nicht zu bekennen, daß du die richtige Antwort nicht weißt. Auf diese Frage gibt es wirklich keine klare Antwort, sie ist nicht zu beantworten!"

Kaum hatte die Königin zu Ende gesprochen, so sank auch der vierte und letzte Vorhang zu Boden, und die Königin zeigte sich Wikram in ihrer überirdischen Schönheit. Sie neigte sich vor dem König und sprach: „Ich begrüße dich, König Wikram, in meinem Schlosse! Du bist der erste Mann, der mich mit eigenen Augen sieht. Sei mir willkommen, König Wikram!" Und sie erhob sich von ihrem weichen Lager aus Leopardenfell, trat zu Wikram und küßte ihn auf den Mund.

Sogleich führte sie der König nach Udschdschajini, vermählte sich mit ihr, und sie lebten miteinander glücklich und zufrieden.

Lange hielt es der abenteuerlustige König Wikram jedoch nicht zu Hause aus. Da er nicht auf seine liebgewonnenen Streifzüge verzichten wollte, nahm er die Gestalt eines Papageien an und flog davon in den Dschungel.

Wegen seiner Weisheit und guten Ratschläge wählten ihn die dort lebenden Papageien bald zu ihrem Anführer. Sie befolgten seine Ratschläge und gehorchtem ihm, so daß sie lange kein Unglück ereilte. Als sie einmal seinen Rat mißachteten, wären sie beinahe alle ins Netz des Jägers geraten. Im letzten Moment konnte Wikram sie noch retten, nur er selbst wurde gefangen.

„Was willst du mit mir tun?" fragte er den Jäger.

„Ich werde dich verkaufen", antwortete dieser.

Darauf sprach Wikram: „Laß dir raten. Trage mich in die Stadt Mau. Dort wohnt ein Kaufmann namens Banija. An den verkaufe mich für tausend Gulden."

Der Jäger traute seinen Ohren nicht. „Tausend Gulden für einen Papageien? Das ist unmöglich. Ich bekomme immer nur einen einzigen Gulden!"

„Versuche es nur", sprach Wikram, „und du wirst sehen, was geschieht."

Der Jäger schüttelte zwar den Kopf, aber er ging in die Stadt Mau und suchte dort den Kaufmann Banija auf, um ihm seinen Papageien zum Kauf anzubieten.

„Wieviel verlangst du für ihn?" fragte Banija.

Der Jäger antwortete: „Gib mir tausend Gulden, und er ist dein."

Der Kaufmann riß die Augen weit auf, und begann aus vollem Halse zu

lachen: „Bist du toll geworden, Jäger? Für tausend Gulden könnte ich einen Elefanten kaufen und würde noch etwas dazu bekommen!"

Hierauf griff Wikram selbst ins Gespräch ein: „Übereile dich nicht mit deinem Urteil, Banija", sagte er. „Kaufe mich zu diesem Preis, und du wirst es nicht bereuen! Ich werde dir bei deinen Handelsgeschäften mit Rat und Tat zur Seite stehen, und es wird nicht lange dauern, und du bist der reichste Kaufmann im ganzen Königreich."

Der Kaufmann dachte eine Zeitlang nach und kaufte dann den Papagei für die geforderten tausend Gulden. Wikram blieb in Mau und machte sich dem Kaufmann Banija nützlich. Er flog in der Gegend umher, lauschte den Gesprächen und Verhandlungen der Kaufleute und gab gut acht, wo sich etwas vorteilhaft kaufen oder verkaufen ließ. Die so erworbenen Kenntnisse teilte er Banija mit und gab ihm auch sonst noch gute Ratschläge, was er wann und wie tun oder lassen sollte.

So brachte Wikram dem Kaufmann große Vorteile, und schon binnen einer Woche hatte sich sein Vermögen verdoppelt. „Siehst du nun, Banija, wie gut du es mit mir getroffen hast?" fragte ihn Wikram. „Ich will dir auch weiter helfen und dir raten, wie du neue Kunden gewinnen und sie dir erhalten kannst. Wenn du drei Pfund Reis abwiegst, so lege noch eine Handvoll Körner dazu. Mißt du eine Elle Stoff, so schneide noch einen Fingerbreit mehr ab; und wenn du ein Maß Milch eingießt, so gib auch hier noch etwas dazu. Das kostet dich wenig, aber die Leute werden dich loben und lieber zu dir kommen, als zu einem anderen Kaufmann, der knapper mißt." Da sich Banija schon überzeugen konnte, daß die Ratschläge des Papageien gut waren, richtete er sich auch diesmal danach.

In Mau lebten auch eine Tänzerin namens Tschampa-bai, die sehr schön war, aber keinen guten Charakter hatte, und ein armer Holzhauer, der Lakarhar hieß. Eines Tages erzählte dieser Holzhauer seinen Freunden einen Traum: Er hätte Tschampa-bai, die Tänzerin, zur Frau genommen und ihr ein Hochzeitsgeschenk von tausend Gulden gemacht. Kaum hatte Tschampa-bai von der Erzählung dieses Traums vernommen, da lief sie schon zum Richter und verklagte den Holzhauer: „Ja, Herr, es ist wahr, was man sich in der Stadt erzählt. Wir sind heimlich verheiratet, aber das Geschenk von tausend Gulden, das mir Lakarhar versprach, hat er mir noch nicht gegeben, und deshalb verklage ich ihn." Der Richter ließ auf diese Anklage hin den Holzhauer Lakarhar vor Gericht laden und verhörte ihn dazu.

Als Lakarhar hörte, was man ihm vorwarf, war er empört und rief: „Das alles ist erlogen. Ich bin noch ledig. Das, was Tschampa-bai hier vorgebracht hat, war nur ein Traum, den ich meinen Freunden erzählt habe, weiter nichts!"

„Er lügt, Herr! Er lügt, weil er mir nicht geben will, was er mir versprochen hat!" schrie Tschampa-bai. Der Richter wußte nicht, wie er hier entscheiden sollte. Aber dann erinnerte er sich an den klugen Papagei, der dem Kaufmann Banija gehörte, und schickte einen Gerichtsdiener, ihn zu holen. Der Papagei Wikram hörte die Begründungen des Streitfalls an, und flüsterte dann dem Richter etwas ins Ohr. Darauf rief dieser den Diener abermals zu sich und gab ihm leise einen Befehl. Der Diener entfernte sich eilig und kehrte bald mit einem Tongefäß zurück, das mit einem großen Siegel verschlossen war.

Wikram wandte sich nun an die habsüchtige und verlogene Tänzerin und sprach zu ihr: „In diesem Gefäß befinden sich tausend Gulden, also genau die Summe, auf die du Anspruch erhebst. Gelingt es dir, das Geld aus diesem Topf herauszunehmen, ohne ihn zu zerbrechen oder das Siegel zu beschädigen, so gehört es dir." Tschampa-bai stürzte sich sofort auf das Gefäß und versuchte, die Gulden herauszunehmen. Es gelang ihr jedoch nicht, und sie sagte enttäuscht: „Es geht nicht. Entweder ich müßte das Siegel zerbrechen oder den Topf zerschlagen."

„Siehst du", belehrte sie Wikram. „Ebensowenig, wie du die tausend Gulden aus diesem versiegelten Tongefäß herausbekommst, kannst du sie von einem armen Holzhauer erhalten! Wie konntest du nur so einen dummen Einfall haben!"

Der Richter freute sich sehr, daß der Papagei ein so gerechtes Urteil gefällt hatte. Tschampa-bai aber, die sich vor der ganzen Stadt mit Schande bedeckt sah, schwor Wikram Rache. Wikram erkannte das wohl, und deshalb rief er der Tänzerin zu, während er davonflog: „Hüte dich vor dem Gedanken der Rache! Du verlierst sonst alles was du hast, sogar dein Leben!" Doch Tschampa-bai beachtete diese Warnung nicht.

Bald darauf heiratete Banijas ältester Sohn. Bei dem großen Hochzeitsmahl, an dem fast alle Bürger der Stadt teilnahmen, tanzte auch Tschampa-bai. Sie tanzte so wunderschön, daß der Kaufmann Banija zu ihr sprach: „Für diesen herrlichen Tanz, mit dem du uns alle so sehr erfreut hast, will ich dir etwas schenken! Du darfst dir in meinem Hause aussuchen, was dir dort gefällt."

„Deinen Papagei will ich, den Papagei Wikram!" rief die Tänzerin.

Der Kaufmann war betroffen, denn mit diesem Wunsch hatte er nicht gerechnet. Aber versprochen bleibt versprochen, und so mußte er ihr den Papagei geben, obwohl er ihm seinen großen Reichtum verdankte.

„Sei mir nicht böse, mein lieber Papagei Wikram", verabschiedete er sich von ihm. „Ich habe sehr unüberlegt gehandelt und bedaure dies aufrichtig. Verzeih mir bitte und behalte mich in guter Erinnerung."

„Mach dir nichts daraus, lieber Banija", erwiderte Wikram. „Was das Schicksal uns bestimmt hat, dem können wir nicht entrinnen. Und wenn jemand Böses im Sinn hat, so kann sich dies doch zum Guten wenden, wenn das Schicksal es will." Mit diesen Worten verabschiedete sich Wikram vom Kaufmann Banija. Die Tänzerin ergriff ihn an der Kette, die mit einem Ring an einem seiner Füße befestigt war, setzte ihn auf ihre Schulter und trug ihn nach Hause.

Überglücklich, daß es ihr gelungen war, den Papagei in ihre Gewalt zu bekommen, hatte Tschampa-bai nichts Eiligeres zu tun, als Rache an ihm für das Urteil zu nehmen. Sie befahl daher ihrer Köchin, Wikram sogleich zu schlachten und zu braten. Wikram stellte sich tot, denn das war das einzige, was er in dieser Lage tun konnte, und überlegte verzweifelt, wie er dem Tod entrinnen könnte. Die

Köchin trug ihn inzwischen in die Küche und rupfte ihn dort sorgfältig. Als sie sich umwendete, um das Fett zum Braten in die Pfanne zu geben, sprang der gerupfte Papagei vom Tisch und versteckte sich in der Abfallgrube; denn ohne Federn konnte er nicht mehr davonfliegen. Die Köchin merkte sofort, daß der Papagei entflohen war. Da sie ihre Herrin fürchtete, nahm sie schnell ein Huhn und bereitete es statt des Papageien zum Mittagsmahl. Zuerst legte sie der Tänzerin den Kopf vor, den die böse Tschampa-bai sofort mit großem Appetit und voller Genugtuung verschlang, ohne zu bemerken, daß sie betrogen ward.

Der Papagei Wikram aber mußte sich so lange in der Abfallgrube verstecken, bis ihm ein neues Federkleid gewachsen war. Er ernährte sich von den Speiseresten, die in die Grube geworfen wurden. Als es endlich soweit war, flog er in einem günstigen Augenblick aus der Stadt Mau fort in den Dschungel, wo er sich im Tempel hinter der Statue des Gottes Wischnu verbarg, um hier von seinem schrecklichen Erlebnis auszuruhen.

Diesen Tempel suchte jedoch die Tänzerin Tschampa-bai häufig auf, um den Gott Wischnu inständig zu bitten, sie zu Lebzeiten in den Himmel aufzunehmen, denn sie fürchtete sich vor dem Sterben. Der Papagei Wikram hörte ihre Bitte, und hinter dem Rücken der Statue sprach er mit verstellter Stimme: „Es sei, meine liebe Tochter! Es wird dir geschehen, wie du es verdienst! Jetzt aber gehe heim, verteile all deinen Besitz unter die Armen der Stadt Mau und lasse dein Haus in Flammen aufgehen, so daß nichts mehr dein eigen ist. Am Tage des Neumonds komme dann hierher, und du sollst lebend in den Himmel kommen."

Tschampa-bai verließ den Tempel und tat, was ihr der Papagei aufgetragen hatte. In der Stadt wunderten sich alle sehr, daß sie plötzlich den Armen gegenüber so freigebig war. Kannte man sie doch bisher nur raffgierig, geizig und hartherzig. Die Tänzerin erzählte allen von dem angeblichen Gnadenerweis des Gottes Wischnu. Und so geschah es, daß am Neumondstag nicht nur das Volk aus der Stadt Mau, sondern auch von nah und fern zum Tempel des Wischnu strömte, um das angekündigte Wunder zu schauen.

Tschampa-bai tanzte zuerst einen heiligen Tanz. Dann neigte sie sich tief vor der Statue des Gottes und sprach mit vor Aufregung zitternder Stimme: „Gott Wischnu, ich habe getan, wie du gefordert, und bin gekommen, damit du dein Versprechen einlösen und mich lebend in den Himmel erheben kannst, damit ich nicht sterben muß, wie die gewöhnlichen Leute." Das Standbild blieb stumm und rührte sich nicht. Auch sonst geschah nichts. Tschampa-bai wurde nun ungeduldig, stampfte mit dem Fuß auf den Marmorboden des Tempels und rief nun: „Na, was ist denn, Wischnu! Hier bin ich, ich warte!" Doch es geschah wieder nichts. In der Masse der Neugierigen klang hier und da Gelächter auf. Tschampa-bai erblaßte vor Wut, und während sie wie rasend die Statue des Gottes mit ihren kleinen Fäusten bearbeitete, schrie sie: „Lügner! Betrüger! Wann löst du dein Versprechen ein?“ Die Neugierigen lachten nun schon laut.

Da flog der Papagei Wikram aus seinem Versteck hervor. Alle hielten den Atem an. Als Tschampa-bai ihn jedoch erblickte, den sie glaubte verspeist zu haben, fiel sie vor Angst und Schrecken fast in Ohnmacht. Und während Wikram über die Tänzerin hinflog, sprach er: „Nicht der Gott Wischnu sprach zu dir, sondern ich, der Papagei Wikram. Ich wollte dich für deine bösen Taten bestrafen. Meine Voraussage hat sich erfüllt: du besitzt keinen Heller mehr. Und wenn nur ein wenig Gerechtigkeit in der Welt ist, dann wird sich auch der zweite Teil meiner Prophezeiung erfüllen.“

So wurde die böse Tschampa-bai vor allen Leuten beschämt, und so warf sie sich verzweifelt auf die Erde und stieß ihren Kopf mit aller Wucht an einen großen Stein, so daß sie sich daran erschlug. Aber niemand bedauerte die Tänzerin, denn rühmte man sie auch weit und breit als beste und schönste Tänzerin, so hatten doch viele erfahren, daß sie ein böses Weib war.

Wikram hatte genug von dem abenteuerlichen Leben. Er sehnte sich heim zu seiner lieblichen Gattin Abol-rani und seinem treuen Freund Bhatti. So flog er nach Udschdschajini, und schon am Abend saß er als König Wikram auf der Veranda seines Palastes, trank gekühlten Mangosaft und erzählte der Königin und Bhatti seine Erlebnisse. Diese beiden, die ihn von allen Menschen am meisten liebten, erschreckten bei dem Gedanken an die Gefahren, die ihn bedroht hatten. Wikram, der König in Udschdschajini, beruhigte sie mit heiterer Miene: „All das liegt hinter mir. Niemals mehr werde ich euch verlassen und nur noch in Ruhe mein Reich verwalten.“

„So gefällt es mir“, lächelte froh die Königin Abol-rani, und sie küßte ihn zärtlich.

Der fahrende Sänger Dschagannath hatte sein Märchen zu Ende gebracht. Während die Dorfbewohner sich in ihren Hütten zur Ruhe niederlegten, wandte sich Dschagannath der Pilgerherberge zu, wo er die Nacht zu verbringen gedachte.

Seinem Märchen vom König Wikram hatten auch einige Reisende aus dem Norden gelauscht, die hierher gekommen waren, um den berühmten Dschnjaneschwaru-Tempel in Alandi zu besuchen. Auch sie übernachteten in der Pilgerherberge. Am nächsten Morgen boten sie dem Alten an, ihn auf ihrem Büffelkarren ein Stück mitzunehmen. Sie fuhren ihn bis zur Hauptstraße, die zur Stadt Nasik führte. Dort verabschiedete sich Dschagannath von den freundlichen Pilgern und schlug den Weg nach Dehu ein.

Noch vor Einbruch der Dunkelheit erreichte er das Dorf, wo ihn seine alten Freunde und Bekannten herzlich willkommen hießen. Nachdem er in der Teestube eingekehrt und sich durch Speise und Trank erfrischt hatte, waren schon fast alle Dorfbewohner um ihn versammelt und konnten es kaum erwarten, daß Dschagannath sein neues Märchen begann.

# Wie Krischna unter den Hirten lebte

Vor vielen Jahren herrschte einmal in Bradsch, der lieblichen Landschaft an den Ufern des Jamuna-Flusses, ein grausamer König.

Bradsch war ein schönes und reiches Land mit seinen hohen Bergen und tiefen Wäldern, lichten Hainen und saftigen Wiesen. Auf den Feldern wuchs genügend Reis für alle, die Zweige der Bäume bogen sich unter der Last der Früchte, auf den Weiden grasten unzählige Schafe und in den Flüssen, Bächen und Teichen wimmelte es nur so von schmackhaften Fischen.

Die reiche und glänzende Residenzstadt Mathura hatte kaum ihresgleichen. Auf den gepflegten Wegen der vielen Gärten und Parks stolzierten Pfauen, und auf den vielen kleinen Seen wuchsen blaue, weiße und rosa Lotosblumen, die im Grün der Bäume und Sträucher wie Edelsteine schimmerten. Auch die breiten Straßen mit ihren zahlreichen Läden und Kaufhallen, die großen Märkte und weiträumigen Plätze unterstrichen die Bedeutung der Residenzstadt. Das Schönste der Stadt Mathura aber waren die herrlichen Tempel mit ihren Säulengängen, Statuen und Türmen, die so hoch waren, daß es schien, als reichten sie bis an die Wolken. Sie erfreuten nicht nur das Auge des Besuchers, sondern beeindruckten ihn auch durch die mächtigen Klänge heiliger Gesänge und den betäubenden Duft der Räucherstäbchen, die aus ihrem Innern strömten.

Und dennoch lebten die Bewohner von Bradsch nicht glücklich und zufrieden, denn im Königspalast von Mathura regierte der böse und grausame König Kansa, den seine Untertanen fürchteten, und selbst sein eigener Vater hatte keinen Einfluß auf ihn. Durch Grausamkeit und Bosheit versuchte Kansa seine Angst vor Feinden und seine Feigheit zu überdecken. Er traute niemandem, nicht einmal seinen eigenen Verwandten und seinem Hofstaat. Viele verdächtigte er verräterischer Absichten, und es genügte, daß ihn jemand länger anschaute — schon ließ er ihn ergreifen und hinrichten, denn er glaubte, ein jeder zettele eine geheime Verschwörung gegen ihn an.

Kansas Onkel besaß eine Tochter namens Dewaki, ein liebliches, zartes Mädchen mit langen schwarzen Haaren, Augen tief wie ein Gebirgssee und einer Stimme, die süß war, wie der Gesang der Nachtigall. Als sie herangewachsen war, wurde es Zeit, einen Bräutigam für sie zu suchen. Dewakis Vater ging zu König Kansa und fragte ihn dieserhalb nach seinen Wünschen. Denn aus Furcht vor dem König tat er nichts, ohne dessen Meinung zu hören. Kansa schlug für Dewaki Wasudewa als Bräutigam vor, einen edlen Jüngling, den alle Menschen gern hatten. Nachdem Dewakis Vater die Sterndeuter befragt hatte, schickte er eine Botschaft an Wasudewas Vater, worin er ihm seinen Wunsch mitteilte, Dewaki und Wasudewa miteinander zu vermählen. Die Nachricht wurde mit großer Freude aufgenommen, und schon einige Tage später zog ein langer Hochzeitszug nach Mathura. Vater und Sohn ritten an der Spitze, denen folgten eine große Anzahl bewaffneter Knechte sowie viele Priester und Mönche. Den Zug beschlossen Büffelkarren mit Geschenken für die Braut und ihren Vater.

In Mathura wurde die Hochzeit mit aller Pracht gefeiert, und das Hochzeitsmahl war so unbeschreiblich üppig, daß tausend Dichter es nicht hätten besingen können. Selbst König Kansa machte dem glücklichen Hochzeitspaar viele Geschenke: fünfzehntausend Pferde, viertausend Elefanten, achtzehnhundert Streitwagen und viele, viele Sklaven und Sklavinnen. Auch feine Stoffe und teure Gewänder, goldene Teller, Schüsseln, Schmuck und andere Kostbarkeiten in reicher Anzahl gehörten dazu.

Während nun alle fröhlich feierten, verdunkelte sich plötzlich der Himmel und ein furchtbarer Donnerschlag erscholl. Eine mächtige Stimme sprach: „Kansa, Kansa! Das achte Kind der Dewaki und des Wasudewa wird ein Sohn sein, und dieser Knabe wird dein Verderben bringen; er wird dich erschlagen, weil du grausam und von Grund auf böse bist. Er wird deiner Unrechtsherrschaft ein Ende bereiten!"

Alle Gäste waren starr vor Schrecken. Kansa zitterte vor Angst und Grauen, und dann stürzte er sich mit wütender Gebärde auf Dewaki. Er riß sie an den Haaren, schleuderte sie auf die Erde und brüllte dabei: „Wenn ich den Baum samt den Wurzeln herausreiße, kann er dann noch blühen und Früchte tragen? Ich werde dich erschlagen und sorglos weiterregieren!"

Wasudewa erschrak sehr, aber da er aus alten Büchern wußte, daß man gegen das Böse nicht mit Bösem ankommt, sondern nur mit Gutem, faltete er die Hände und zwang sich, ruhig zu sprechen: „Höre mich, o großer König! Niemand auf der Erde ist so stark und mächtig wie du. Wir alle leben durch deine Gnade und in deinem Schatten. Mit dem Schwert bedrohst du eine schwache Frau! Du tust dies vor allem Volk! Außerdem ist sie deine Verwandte. Höre auf meine Worte und laß von ihr ab!"

Kansa hielt zwar inne, doch er blickte noch immer finster. Wasudewa dachte bei sich, daß es nun vor allem darauf ankäme, Dewakis Leben fürs erste zu retten. Später werde man weitersehen. Deshalb flehte er Kansa von neuem an: „Schenke ihr das Leben, ich bitte dich, und ich gebe dir mein Wort, daß du jeden Sohn, dem sie das Leben gibt, bekommst und mit ihm tun und lassen kannst, was du willst. So kannst du ganz sicher sein!"

Kansa hatte ein Einsehen. Er ließ die arme Dewaki los und sprach: „Du hast gut gehandelt, Wasudewa, mich vor einer schweren Sünde zu bewahren. Aber vergiß niemals dein Versprechen!" Danach verabschiedeten sich die Hochzeitsgäste und gingen in gedrückter Stimmung auseinander.

Im Laufe der Zeit erschlug Kansa alle Kinder, die Dewaki gebar. Auf diese grausame Weise hatten Dewaki und Wasudewa schon sechs Söhne verloren. Da entschloß sich der gnadenreiche Gott Wischnu, der Kansas Vergehen und alle seine Ungerechtigkeiten sah, Wasudewas siebenten Sohn zu retten. Aus dem Leuchten seiner Augen schuf er ein Himmelswesen in Gestalt der Frau Maja und befahl ihr: „Fliege nach Mathura im Lande Bradsch, wo der grausame König Kansa mein ergebenes Volk knechtet und mordet. Nimm aus dem Schoß der Dewaki die Frucht, die dort reift, und lege sie in den Schoß der Rohini, die im Hause des Nanda in Gokula weilt." Maja flog davon und tat, wie ihr Gott Wischnu geheißen hatte. In Gokula brachte Rohini dann den Knaben Balarama zur Welt, von dem noch zu berichten sein wird.



*In Dehu*

Kansa erfuhr dies alles von seinen bösen Geistern, aber er nahm es nicht besonders ernst, da er ja nur Krischna, den achten Sohn Wasudewas und Dewakis, fürchtete. Dennoch befahl er Wasudewa eines Tages zu sich und herrschte ihn an: „Ich weiß alles. Gib gut acht, daß du mich nicht hintergehst! Deinen achten Sohn mußt du mir geben, und dann werde ich dir jeden Wunsch erfüllen, sofern er meine nicht durchkreuzt."

Dann wies er die Wächter an, Wasudewa und Dewaki in Ketten zu legen und in eine kleine, dunkle Kammer zu sperren. Davor stellte er bewaffnete böse Geister und Dämonen und ging dann in den Tempel, wo er inbrünstig betete, daß alles gut enden möge. König Kansa bedachte aber nicht, daß gegen eine himmlische Prophezeiung nichts, auch kein Beten hilft, denn sie ist unabwendbar und erfüllt sich immer. Da ihm aber seine Vorkehrungen immer noch nicht ausreichten, befahl er am nächsten Morgen seinen kräftigsten Knechten, die Kammer noch mit Elefanten, Löwen und Schakalen zu umstellen. Dies alles tat er in der Absicht, das Kind gleich nach seiner Geburt zu töten. So hoffte er, die ständige Angst vor der Prophezeiung loszuwerden.

Es dauerte nicht lange, da erblickte Krischna, der achte Sohn der Dewaki und des Wasudewa, in der Mitte des achten Monats der dunklen Hälfte des Regenmonds um Mitternacht in all seiner göttlichen Schönheit das Licht der Welt. Er war dunkel wie die schweren Regenwolken, sein Gesicht strahlte wie die Sonne und seine Augen leuchteten wie Seerosen. In den Händen hielt er die Zeichen der göttlichen Macht: die Muschel, den Diskus, die Keule und die Lotosblüte.

Das ganze Land wurde von einer seltsamen Freude ergriffen. Die Bäume erblühten und trugen köstliche Früchte. Die Seen, Teiche und Flüsse, die Wildwasser und Bäche füllten sich mit klarem, süßem Wasser. Am Himmel über Bradsch zogen in ihren Wagen die Götter und Halbgötter entlang, und himmlische Feen tanzten nach den Klängen überirdischer Musik ihre lieblichen Reigen. Von oben fielen Blumen und Tropfen duftenden Nektars. Wasudewa und Dewaki waren von der göttlichen Erscheinung Krischnas wie geblendet. Sie falteten die Hände und beteten den Knaben an, aber in ihren Herzen fürchteten sie den ruchlosen König Kansa und seine bösen Knechte. Da sprach Krischna mit zarter Stimme: „Fürchtet euch nicht, denn ich bin auf die Welt gekommen, um euch zu erlösen und alles Böse zu bestrafen. Aber noch ist meine Zeit nicht gekommen, und darum muß ich schnell nach Gokula zum Hirten Nanda und seiner Frau Jaschoda gelangen. Du, Wasudewa, trage mich dorthin." Und nach diesen Worten verwandelte sich Krischna wieder in ein weinendes Neugeborenes. Dewaki nahm ihn zärtlich in die Arme, reichte ihm die Brust, und der Kleine begann zu trinken.

„Du mußt ihn vor Kansa retten", sprach Dewaki zu ihrem Gemahl. „Er würde ihn sonst töten." Wasudewa erwiderte ratlos: „Aber wir sind doch mit starken Ketten gefesselt und von starken Wächtern und wilden Tieren bewacht!" Doch kaum war sein letztes Wort gesprochen, da fielen die Fesseln von ihm ab, das Schloß des Gefängnisses sprang auf, die Türen öffneten sich, und alle Wächter sowie die wilden Tiere schliefen fest. Wasudewa legte Krischna in ein Körbchen, hob es auf den Kopf und eilte, so rasch er konnte, nach Gokula. Als er den Jamuna-Fluß erreicht hatte, hörte er hinter sich einen Tiger brüllen. „Jetzt ist mein Ende nahe", dachte er, „vor mir ein tiefer Fluß, kein Boot am Ufer und hinter mir der Tiger!" Und dann stieg er ins Wasser und versuchte das andere Ufer zu erreichen. Das Wasser wurde tiefer und tiefer; doch als es Wasudewa schon bis an die Lippen reichte, steckte Krischna ein Füßchen aus dem Körbchen und berührte damit die Oberfläche des Wassers — sogleich fiel der Wasserspiegel und Wasudewa gelangte sicher ans andere Ufer.

Am Abend vorher hatten Nanda und seine Frau Jaschoda ein Töchterchen bekommen. Als Wasudewa bei ihnen eintrat, schliefen alle fest. Da nahm er leise das Mädchen aus der Wiege, legte an seine Stelle den kleinen Krischna und kehrte mit dem Mädchen im Körbchen nach Mathura zurück.

Dewaki freute sich sehr, daß Krischna in Sicherheit war, und sagte zu ihrem Gemahl: „Wenn Kansa uns auch töten läßt, Krischna ist gerettet!" Das Türschloß sprang von selbst wieder zu, die Fesseln umfingen Wasudewas Glieder, und die Wächter und wilden Tiere erwachten aus ihrem tiefen Schlaf. Da begann das kleine Mädchen zu weinen. Sobald die Bewaffneten, die vor der Kammer Wache hielten, dies hörten, griffen sie zu ihren Lanzen und Schwertern. Die Elefanten trompeteten, die Löwen brüllten und die Schakale heulten. Einer der Wächter lief zu König Kansa, stürzte ohne Anmeldung in seine Schlafkammer und schrie: „Großer König! Dein Erzfeind ist zur Welt gekommen!" Da fiel der König vor Schrecken in Ohnmacht.

Als er das Bewußtsein wiedererlangt hatte, schrie er wie ein verwundetes Raubtier, ergriff sein Schwert und stürzte hinaus. Atemlos lief er zu Dewaki und riß ihr das Mädchen aus den Armen. Die unglückliche junge Frau rang die Hände und rief verzweifelt: „Töte nicht mein Kind, Vetter! Es ist doch kein Knabe! Du

hast mir schon so viele Kinder erschlagen, laß mir wenigstens dieses! Lade nicht noch ein Verbrechen auf dein Haupt!"

Kansa antwortete ihr jedoch zornig: „Lebend behältst du es nicht! Die Prophezeiung verkündete, daß dein achtes Kind mein Verderben bringen werde. Auch wenn es nur ein Mädchen ist, könnten sich die Worte erfüllen! Aber ich werde das verhindern." Mit diesen Worten lief er hinaus und wollte das Mädchen auf dem steinernen Vorhof zu Boden schleudern. Doch da griffen die Götter ein, nahmen ihm das Neugeborene aus den Händen und hoben es zu sich in den Himmel. Das Mädchen aber rief Kansa von der Höhe herab zu: „Verflucht sollst du sein! Dein Vernichter ist schon geboren und dein Leben ist verwirkt! Nichts kann dich mehr retten!"

Kansas Hochmut schien plötzlich verflogen. Er kehrte zu Dewaki und Wasudewa zurück, nahm ihnen eigenhändig die Ketten ab und begann zu jammern: „Wehe, wehe mir! Welche Sünde habe ich begangen! Wie kann ich nur meine Verbrechen wiedergutmachen? Was im Buch des Schicksals geschrieben steht, das läßt sich nicht ändern; wie aber kommt es dann, daß du ein Mädchen geboren hast, da es doch ein Knabe, Krischna, sein sollte?" Darauf führte er sie in seinen Palast, gab ihnen kostbare Gewänder und ließ ihnen Speisen und Getränke reichen.

Als der Hirte Nanda und seine Frau Jaschoda am nächsten Morgen in Gokula erwachten, erblickten sie in der Wiege statt des Mädchens den Knaben Krischna. Sie freuten sich darüber und erkannten, daß sich erfüllt hatte, was ihnen der gnadenreiche Gott Wischnu im Traum verkündet hatte. Nanda rief sogleich die Sterndeuter herbei und bat sie, das Schicksal des Knaben vorherzusagen. Sie sprachen zu ihm: „In den Sternen und in unseren Büchern steht geschrieben, daß dieser Knabe in einem heiligen Jahr und günstigen Monat, an einem glücklichen Tag und zu guter Stunde geboren wurde. Er ist der verkörperte Gott und wird alle bösen Geister und Dämonen erschlagen und die Welt von ihrer Gewaltherrschaft befreien. Er wird Beherrscher der Hirten und Retter des Landes Bradsch genannt werden, und alle Gerechten werden sein Lob singen."

Nanda hörte diese Prophezeiung gern und gab den Sterndeutern als Belohnung eine große Herde weißer Kühe, die alle mit goldenen Ketten und seidenen Schabracken geschmückt waren und silberne Hufeisen trugen. Und dann begann ein großes Fest. Die Musikanten strichen und schlugen ihre Instrumente, die Tänzerinnen zeigten ihre Künste und die Sänger ließen froh ihre Stimmen erschallen. Alle Hirten von Gokula kamen mit ihren Familien, um Nanda und Jaschoda Glück zu wünschen, alle freuten sich mit dem Hirtenpaar. Sie feierten eine Woche lang.

Der böse König Kansa aber, dessen Sinn schon wieder hoffärtig und grausam war, schickte einen bösen Geist nach dem anderen aus, damit sie Krischna ausfindig machen und ihn gleich umbringen sollten. Nanda wußte das wohl und war deshalb sehr besorgt um das Leben des kleinen Krischna.

Es dauerte auch gar nicht lange, da erfuhr Kansa von Krischnas Versteck. Sogleich rief er das böse Dämonenweib Putana zu sich und sprach zu ihr: „Geh du, Putana, nach Gokula, und töte das Kind, das Jaschoda und Nanda geboren wurde, denn es ist mein Feind!" Die böse Putana freute sich über diesen Auftrag. Sie verwandelte sich in eine schöne Frau, die mit herrlichen Gewändern und kostbaren Geschmeiden geschmückt war, und glich so der Göttin Lakschmi, der Gemahlin des Wischnu, selbst. Dann zauberte sie tödliches Gift in ihre Brüste und ging nach Gokula. Sie trat in Nandas Haus und bat um eine Erfrischung. Allen gefiel sie sehr, und Jaschoda hatte sich bald mit ihr angefreundet. Die hinterlistige Putana beugte sich über die Wiege, in der der kleine Krischna friedlich schlummerte. Sie streichelte und küßte ihn, und als er erwacht war, nahm sie ihn in ihre Arme und wollte ihm zu trinken geben. Niemand hinderte sie daran, denn sie schien ja so gut zu sein! Krischna ergriff die giftige Brust mit seinen beiden Händchen, verbiß sich darin und trank so lange, bis er aus dem bösen Weib alles Leben herausgesaugt hatte. Putana schrie in Todesangst, aber es half ihr nichts. Sie verlor ihre schöne Gestalt und wurde wieder zu dem häßlichen Dämonenweib, das sie in Wirklichkeit war. Als sie tot da lag, sagte Nanda: „Das war sicher ein verzaubertes Dämonenweib, und es ist gut, daß Krischna ihr das Leben genommen hat."

Kansa schickte noch viele Dämonen gegen Krischna aus — doch es war alles vergebens. Als der Knabe siebenundzwanzig Tage alt war, tötete er einen bösen Geist, und mit fünf Jahren besiegte er einen weiteren Dämon.

Kansas ständige Anschläge konnten dem kleinen Krischna nichts anhaben; er wurde größer, war aufgeweckt und munter. Die Jahre vergingen, doch Kansa ließ nicht ab von seinen Versuchen, Krischna das Leben zu nehmen. Aber seine bösen Absichten blieben erfolglos, was seine Wut nur noch steigerte.

Einmal, als zu Krischnas Geburtstagsfeier alle Verwandten und Freunde beieinandersaßen, redete sich Nanda seinen Kummer vom Herzen: „Liebe Freunde, Kansa ist ein mächtiger König und seine Bosheit kennt keine Grenzen. Zu uns nach Gokula schickt er unablässig seine bösen Geister und Dämonen, die unser zufriedenes Leben stören und den kleinen Krischna bedrohen. Wir sind niemals sicher vor ihm und müssen immer auf der Hut sein. Sollten wir nicht fortziehen, dorthin wo es genügend Wasser und Weiden für unsere Tiere gibt und wo wir ruhiger und glücklicher leben können?"

Nandas Bruder Upananda stimmte zu: „Wir sollten uns in Brindawana niederlassen, einer Gegend im Wald der Göttin Brinda. Dort wird es uns sicher

48) *In Dehu*

gefallen, und wir werden uns wohlfühlen, denn dort gibt es alles, was unsere Tiere brauchen in Hülle und Fülle."

Alle waren mit diesem Vorschlag einverstanden, und als sie gegessen und getrunken hatten, befragte Nanda den Sterndeuter, wann die günstigste Stunde zum Verlassen Gokulas und zur Übersiedlung nach Brindawana sein würde. Der Sterndeuter erforschte den Stand der Gestirne, schlug lange in seinen Büchern nach und erklärte dann, der günstigste Zeitpunkt wäre der folgende Tag beim Morgengrauen. Dann stehen die Sterne günstig, und auch der Mond würde dann über dem gewählten Weg stehen, und das sei ein besonders günstiges Zeichen.

Daraufhin packten sie ihre Habe auf schwere, zweirädrige Karren, die von schwarzen Büffeln gezogen wurden, und durchquerten beim Morgengrauen an einer Furt den Jamuna-Fluß. Gegen Abend erreichten sie Brindawana, brachten der Göttin Brinda ein Opfer dar, damit sie ihren Einzug segne, und gründeten ein neues Dorf. Sie lebten glücklich und zufrieden in Ruhe und Geborgenheit.

Krischna war schon fünf Jahr alt geworden, aber noch nie hatte ihm Jaschoda erlaubt, mit den anderen Hirtenjungen die Kühe und Kälbchen zu weiden, obwohl er sie oft darum gebeten hatte. Auch diesmal erhob sie Einwände: „Wir haben genügend Hirten und Treiber. Wenn dir dabei etwas zustieße?" Doch Krischna war ein eigenwilliger Junge. So antwortete er; „Wenn du mich nicht mit den Hirten auf die Weide läßt, werde ich nichts mehr essen!" Was blieb der armen Jaschoda übrig? Sie mußte ihn, wenn auch schweren Herzens, mitziehen lassen. Doch ermahnte sie die Hirten: „Heute werden euch Krischna und Balarama begleiten, laßt sie keinen Augenblick allein und gebt gut auf sie acht. Und kehrt rechtzeitig, noch vor dem Abend, wieder zurück!" Dann gab sie allen eine reichliche Wegzehrung und ließ sie mit der Herde ziehen. Sie blieb in Sorge um Krischna zurück.

Die Knaben weideten die Tiere am Ufer des Jamuna-Flusses. Dort wuchs das Gras besonders dicht und saftig, so daß sie die Kühe und Kälber sich selbst überlassen und fröhlich miteinander spielen konnten.

Plötzlich näherte sich ihnen ein Dämon König Kansas, der die Gestalt eines Kalbes angenommen hatte. Krischna erkannte ihn trotzdem und sprach zu Balarama: „Gib acht, da ist wieder ein böser Geist!" Die Kühe und Kälber liefen auseinander und die Hirten versteckten sich vor Angst. Der Dämon tat so als weide er und ließ sich durch den Aufruhr ringsum gar nicht stören. So kam er immer näher an Krischna heran. Als er schon ganz nahe war, sprang Krischna auf, ergriff ihn bei den Hinterbeinen, wirbelte ihn durch die Luft und warf ihn mit solcher Kraft auf die Erde, daß er sofort tot war. Der boshafte Kansa erfuhr bald, daß sein Anschlag wieder fehlgeschlagen war, doch er versuchte es von neuem und schickte erneut einen Dämon aus — diesmal in Gestalt eines Reihers. Als die Hirten ihn sahen, wie er am Ufer des Flusses entlangstolzierte, sagten sie zu Krischna: „Schau nur, Brüderchen, sicher ist das wieder ein böser Geist, denn sieh, wie boshaft er nach uns schaut! Wie können wir nur entfliehen?“

„Bleibt ganz ruhig“, entgegnete Krischna und ging tapfer auf den Reiher zu. Dieser hackte nach ihm mit seinem langen, scharfen Schnabel, und dann schnappte er ihn und schluckte ihn hinunter. Krischna wußte sich jedoch zu helfen. Er erzeugte im Bauch des Reihers so große Hitze, daß dieser es vor brennenden Schmerzen nicht mehr aushielt und den Knaben ausspeien mußte. Kaum stand Krischna wieder auf seinen Füßen, ergriff er den bösen Vogel beim Schnabel, trat ihm auf den langen Hals und riß ihm mit aller Kraft den Kopf ab. Die Hirten, die dies alles von ferne beobachtet hatten, waren zuerst entsetzt und berieten, wie sie Jaschoda das Unglück berichten sollten, da Krischna verloren schien. Als sie dann aber merkten, daß er auch diesen Dämon besiegt hatte, erkannten sie, daß ihm niemand etwas anhaben könne. Sie jubelten laut und sprangen vor Freude bis zum Abend umher. Alle kehrten fröhlich ins Dorf zurück und berichteten von Krischnas Heldentaten.

Ein andermal schickte König Kansa den jüngeren Bruder des Dämonenweibes Putana, die der Knabe bald nach seiner Geburt getötet hatte, gegen Krischna aus. Dieser Dämon verwandelte sich in eine riesige Königskobra und legte sich im Wald auf die Lauer. Das Maul öffnete er weit. Die Hirten bemerkten ihn schon von weitem, ohne ihn jedoch als Schlange zu erkennen. „Was ist das nur für ein großer Berg?“ fragten sie einander verwundert. „So eine riesige Höhle war hier vordem niemals!“ Neugierig traten sie näher und überlegten, ob sie sich in die sonderbare Höhle hineinwagen sollten oder nicht. Doch in dem Augenblick atmete die Riesenschlange tief ein, und durch den ungeheuren Sog, der entstand, wurden alle Hirten und auch Krischna samt ihren Kühen und Kälbern eingesogen. Das Innere war ein grauenvoller, dunkler Ort, voller giftiger Dämpfe. Die jungen Hirten waren vor Entsetzen wie gelähmt, und die Kühe und Kälbchen muhten kläglich. Auch jetzt half ihnen allen Krischna. Er blähte sich auf und begann zu wachsen. Er wuchs und wuchs immer mehr in die Höhe und in die Breite, bis er so groß war, daß die Riesenschlange platzte und ihr Leben aushauchte.

So erschlug Krischna einen bösen Geist nach dem andern, und der grausame König Kansa saß auf seinem Thron und fluchte schrecklich, weil seine Anschläge alle mißlangen. Die Knaben berichteten ihren Eltern von Krischnas Heldentaten, und alle wunderten sich sehr. Sie schlossen ihn immer mehr in ihr Herz.

Alljährlich am vierzehnten Tag der dunklen Hälfte des Kückenmondes kleideten sich alle Bewohner von Bradsch in festliche Gewänder. Sie fegten ihre Höfe sauber und schütteten dann in komplizierten Mustern Reismehl, Safran und Sandelstaub auf die dunkle Erde, so daß bunte Bilder entstanden. Die Frauen



*In Dehu*

backten Kuchen und Süßigkeiten, und alle versammelten sich beim Schein der Öllampen und dem Duft der Räucherstäbchen, die heiligen Riten zu Ehren des Gottes Indra zu vollziehen. So hielten sie es seit langen Zeiten, denn Indra war für hundert Jahre zum höchsten Gott gewählt worden.

Auch in diesem Jahr fanden große Vorbereitungen zum Fest des Indra statt. Da kam Krischna eines Tages zu Jaschoda in die Küche und fragte sie: „Du bist so eifrig tätig. Bereitest du etwas Besonderes vor? Gibt es einen Feiertag?"

Jaschoda hatte alle Hände voll zu tun und erwiderte nur kurz: „Frag den Vater, denn ich habe so viel zu tun, daß ich nicht reden kann." Da verließ Krischna sie und fragte Nanda: „Welches Fest wird vorbereitet, zu welchem Gott werden wir beten? Bringt er den Menschen Heil und schenkt er uns etwas? Was bekommen wir Gutes von ihm? Erkläre mir das bitte, ich weiß es nicht!"

Nanda antwortete ihm freundlich: „Indra, der Herr über Wolken und Regen ist es, dem wir morgen opfern werden. Durch seine Gnade wachsen Gras und Getreide, blühen die Bäume, Sträucher und Pflanzen, und so verdanken wir alle, ob Mensch oder Tier, Indra unser Leben. Schon seit Urzeiten haben unsere Vorfahren ihre Opfer dargebracht, und auch wir opfern ihm, wie es später unsere Nachkommen tun werden."

Krischna überlegte ein Weilchen, was er von Nanda gehört hatte, aber dann meldete er seine Zweifel an: „Aber Vater, vielleicht opferten unsere Vorfahren aus Unkenntnis. Vielleicht wußten sie nicht, was am allerwichtigsten im Leben ist und kannten nicht den rechten Weg. Es stimmt zwar, daß Indra einmal sehr leiden und sich quälen mußte, womit er seine Seelenstärke bewies und wofür ihn dann die Götter zu ihrem König wählten. Es ist auch wahr, daß er eine ganze Reihe böser Geister und Dämonen erschlug und die gefesselten Wasser befreite, was die Geschöpfe der Erde vor dem Verdursten bewahrte. Doch was tat er später noch an guten Taten? Er versteckte sich wie ein Schakal, ruhte sich aus und ließ den Dingen ihren Lauf. Warum sollten wir ihn heute noch ehren? Es geschieht doch immer das, was im Buch des Schicksals geschrieben steht, und niemals das, was sich Indra wünscht. Nach dem weisen Ratschluß des Schicksals bekommt jeder das, was ihm zugeteilt ist: Glück, Reichtum, Geschwister, Frauen, Kinder und auch Tiere. Wenn Indra wirklich Herr über Wolken und Regen wäre, ließe er dann die Erde unter den brennenden Strahlen der Sonne acht Monate lang fast verdursten? Daß dann die Regenfluten alles erfrischen, daß Gras und Pflanzen wachsen und blühen, daß Bäume und Sträucher sich neu beleben und alle lebendigen Geschöpfe ausreichend Nahrung finden — das ist doch gar nicht mehr Indras Verdienst! Überlege doch einmal, Vater! Wir sind Hirten, leben in der Natur, im Wald, zwischen Bergen, Flüssen und Weiden — das sind die Herren, von denen wir abhängig sind, die uns wohlgesinnt sein müssen, wenn es uns gut

gehen soll, und die wir deshalb auch ehren sollten. Nicht mehr dem alten Gott Indra, sondern unserem Berg Gowarddhana sollten wir von nun ab unsere Opfer bringen und uns vor ihm verneigen.“

Nanda war durch diese Rede sehr verwirrt. Er schritt gedankenverloren zum Dorfanger, wo die Hirten beisammensaßen und plauderten. Er setzte sich zu ihnen. Dann wiederholte er, was Krischna ihm gesagt hatte. Die Hirten hörten erstaunt zu. Dann überlegten sie ein Weilchen und meinten schließlich, daß Krischna wohl recht habe. War doch dieser Junge klüger, als sie alle zusammen, so glaubten sie wenigstens. Und sie beschlossen, am folgenden Tag nicht wie gewohnt den Gott Indra zu ehren, sondern zum Berg Gowarddhana zu pilgern und diesem ihre Opfer darzubringen. Und so geschah es.

Früh am Morgen badeten die Hirten und ihre Familien. Dann zogen sie ihre Festkleider an, nahmen Glocken und Zimbeln, Schüsseln und Näpfe, Schalen, Kelche und Becher, Opferspeisen, Räucherstäbchen, Öllämpchen, Korn und Reis und auch Blumen und Kränze, und zogen mit Musik und Gesang zum Berg Gowarddhana. Als sie dort angekommen waren, legten sie alles am Berghang als Opfer nieder. Überall brannten die Öllämpchen und die Räucherstäbchen dufteten. Ganz oben auf den Gipfel des Berges legten sie einen wunderschönen Kranz aus den herrlichsten Blumen des Landes und bestreuten ihn mit Betelblättern, Nüssen, Mandeln, Pistazien und Rosinen. Dann vollzog der Opferpriester die uralten Riten, und alle ehrten so den Berg Gowarddhana.

Allen Dorfbewohnern gefiel das neue Fest sehr, sie waren lustig und guter

52)

*In Dehu*

Dinge. Plötzlich erschien Krischna, der sich einen zweiten Körper geschaffen hatte, groß und erhaben gekleidet und geschmückt; und in dieser wunderbaren Gestalt stieg er vom Berg Gowarddhana herab. Selbst stand er jedoch in seiner eigentlichen Gestalt unter ihnen und rief: „Seht doch, das ist der mächtige Gowarddhana, der Herr der Berge, Höhen und Hügel. Er ist zu uns gekommen als Zeichen seines Dankes für unsere reinen Herzen und unseren aufrichtigen Sinn!"

Da sprachen die Hirten untereinander: „Nun, es scheint wahr zu sein. Indra kam niemals zu uns; aber dieser Gott zeigt sich unseren Augen, und das gefällt uns besser als alles, was wir bisher kannten." Und sie reichten der Gestalt Teller, Schüsseln und Schalen. Der angebliche Gowarddhana griff zu, aß und aß, bis von den Gaben, die ihm die Hirten und ihre Frauen und Kinder reichten, nichts mehr übrig war. Darüber freuten sich alle sehr. Schließlich umkreisten sie den Berg so, daß sie ihm als Zeichen der Ehrerbietung ihre rechte Seite zukehrten, und zogen dann nach Brindawana zurück. Dort bemalten sie ihre Stiere, Kühe und Kälber mit bunten Farben, behängten sie mit Glöckchen und Schellen. So endete dieser Tag der Freude.

Indra, der Götterkönig, fühlte sich übergangen, als er vergebens auf die gewohnten Opfer wartete. Er rief alle Götter zu sich und fragte sie: „Wißt ihr, wem gestern in Bradsch die mir zustehenden Opfer dargebracht wurden?" Die Götter wußten es schon. Sie senkten traurig die Köpfe, und einer von ihnen erwiderte: „O Indra, alle halten dich in hohen Ehren und opfern dir, wie seit alters her. Nur die Brindawaner nicht; aber sie unterlassen es nicht aus böswilligem Trotz, sondern Krischna, der Sohn des Hirten Nanda, hat sie gegen dich aufgebracht. Er hat ihnen gesagt, sie sollten ihre Opfergaben dem Berg Gowarddhana darbringen."

Indra erzürnte sich und sprach mit strenger Stimme: „Es geht ihnen zu gut. Ihr Vieh vermehrt sich, ihre Kinder wachsen gesund und zufrieden heran. Deshalb sind sie so stolz geworden und verachten die alten Sitten und Gebräuche. Aber ich lasse mich nicht beleidigen. Ich werde sie strafen und demütigen, wie sie es verdienen." Bei diesen Worten wandte er sich dem obersten Heerführer seiner Wolkenstreitmacht zu und befahl ihm: „Du läßt sofort durch deine Armeen einen Wolkenbruch über Bradsch niedergehen, wie ihn seine Bewohner noch nicht erlebt haben. Die größte Wassermenge lenkst du auf das Dorf Brindawana und den Berg Gowarddhana! Du spülst die hoffärtigen Hirten samt ihren Herden fort, so daß keine Spur mehr von ihnen übrig bleibt!"

Der oberste Heerführer verbeugte sich tief, legte die gefalteten Hände an die Stirn und entfernte sich rückwärtsgehend aus dem Thronsaal des Gottes Indra. Bald darauf jagte das Wolkenheer am Himmel entlang. Alle schwarzen, grauen und hellen Wolken nahmen soviel Wasser auf, wie sie fassen und tragen konnten, und versammelten sich über Bradsch. Dann gossen sie das ganze Wasser auf einmal über dem Land aus, so daß ein furchtbarer Wolkenbruch niederging, der schreckliche Überschwemmungen und Verwüstungen anrichtete. Die Hirten erschraken, liefen zu Nanda und riefen: „Krischna, das ist sicher Indras Strafgericht! So hat es noch nie gegossen! Krischna, du mußt uns helfen, sonst kommen wir alle ums Leben! Indra läßt nicht mit sich spaßen.

Krischna entgegnete ihnen ganz ruhig: „Fürchtet euch nicht. Nehmt eure Kinder und Herden und kommt mit mir zum Berg Gowarddhana." Bevor sich die Hirten versammelt hatten, erhitzte er den Berg mit seinen überirdischen Kräften, riß ihn von der Erde los und stellte ihn auf den erhaben vorstehenden Stein seines Ringes, den er am linken Mittelfinger trug. Und alle Hirten stellten sich mit ihren Familien und Herden unter dieses riesige Schutzdach. So konnte ihnen der Regen nichts anhaben. Die Hirten kamen aus dem Staunen nicht heraus, was Krischna alles vermochte. „Das ist ja ein Wunder", sprach einer zum anderen. „Krischna ist sicher kein gewöhnlicher Mensch, vielleicht ist er ein Urvater, der bei uns wiedergeboren ist. Vielleicht ist er selbst ein Gott. Kein gewöhnlicher Sterblicher kann einen ganzen Berg auf seinen Finger heben!"

Unablässig rannen die Wassermassen, die Indras Wolkenheer zur Erde sandte, aber alle Menschen blieben trocken. Indra war ärgerlich und schalt seinen obersten Heerführer; doch dieser konnte daran nichts ändern, daß alle Bemühungen umsonst blieben. Der furchtbare Regen dauerte sieben Tage und sieben Nächte, bis schließlich die schwarzen, grauen und hellen Wolken betrübt zu Indra sagten: „Herr, es ist zu Ende. Wir haben alles Wasser vergossen, was in uns war, und deshalb können wir nicht mehr regnen." Durch diese Nachricht wurde Indra, obwohl er immer noch zornig und unzufrieden war, nachdenklich. „Wer kann nur solch eine Kraft und Macht besitzen", dachte er, „daß er meinem Zorn widersteht und einen so großen Berg, wie es der Gowarddhana ist, über Brindawana zu halten vermag?" Er konnte sich dies nicht erkären. Verdrießlich zog er nun die Schnur ein, mit der die Regenwolken zusammengebunden waren. Kaum fühlten sich die Wolken frei, da jagten sie übermütig auseinander. Gleich hellte es sich auf, die Sonne kam zum Vorschein, und die Hirten von Brindawana wußten, daß sie gerettet waren. Krischna stellte den Berg auf seinen Platz zurück, und alle kehrten fröhlich heim.

Das Hirtenvolk bewunderte Krischnas Kraft und Gewandtheit sehr, und alle lobten und liebkosten ihn. Vor allem die Mädchen ließen kein Auge von seiner anmutigen Gestalt. Und als am Abend ein Fest gefeiert wurde, wollte jede nur mit ihm tanzen. Die Flöten und Lauten, Oboen, Trommeln und Zimbeln spielten fröhlich zum Tanz, und die Hirtinnen konnten es kaum erwarten, daß die Reihe an sie kam, um mit Krischna zu tanzen. Damit aber die Mädchen nicht zu lange warten mußten, zauberte Krischna wieder ein wenig. Er erschien jeder als sein

54) *In Dehu*

Trugbild, das ihm völlig glich, wirbelte sie im Tanze herum. Er selbst aber tanzte den ganzen Abend nur mit Radha.

Am nächsten Morgen zogen alle, wie gewöhnlich, auf die Weide. Krischna spielte Flöte, Balarama und die anderen Hirten sangen, während die Kühe und Kälber gemächlich fraßen. Plötzlich kam Indra auf einem mächtigen Elefanten aus der Welt der Götter herabgeritten, von seinem Hofstaat begleitet. Er hatte eingesehen, daß er gegen Krischna machtlos war, und kam deshalb, sich vor ihm zu verneigen. Als er Krischna von fern zwischen den Hirten und der Herde erblickte, stieg er von seinem Elefanten und näherte sich dem Knaben schreitend und barfüßig. Er fiel vor Krischna nieder und stammelte: „Herr über Bradsch! Vergib mir, daß ich es gewagt habe, an deiner Größe zu zweifeln. Ich habe meine Macht mißbraucht und war hochmütig. Verzeihe mir, daß ich versuchte, dir und den Bewohnern von Bradsch Schaden zuzufügen.“

Als Krischna den Gott so betrübt und demütig vor sich sah, fühlte er Mitleid und sprach freundlich: „Erhebe dich, Indra, ich will dir vergeben und verzeihen. Du hast eingesehen, wohin Hochmut führen kann. Sei darum niemals mehr machtgierig und hochmütig, denn Machtgier vertreibt den Verstand, und Hochmut unterdrückt den weisen Gedanken. Solch einen Toren müssen dann alle Menschen verachten.“ Indra war sehr froh, daß ihm Krischna verziehen hatte, und kehrte mit seinem Gefolge in den Himmel zurück.

Eines Tages kam der alte Akrura, Krischnas Onkel aus Mathura, zu den Hirten nach Brindawana. Er verbeugte sich vor Krischna, der den Gruß auf die gleiche Art erwiderte, und begrüßte dann auch Nanda, Jaschoda, Balarama und die übrigen Verwandten. Dann erzählte er, König Kansas Grausamkeiten hätten schon alle Grenzen überschritten; es würde in Mathura Tag für Tag schlimmer werden, und niemand wäre mehr seines Lebens sicher, denn Kansa gäbe seinen Knechten und Häschern täglich grausamste Befehle. „Unsere schöne Hauptstadt Mathura“, erklärte Akrura, „leidet unter der Gewaltherrschaft eines bösen Herrschers. Was sollen wir nur tun?“

Krischna hörte mit den anderen der Erzählung des Onkels zu, und dann sagte er: „Es ist nun an der Zeit, Kansas Verbrechen Einhalt zu gebieten. Morgen, Onkel, werde ich dich nach Mathura begleiten.“

Am nächsten Morgen begaben sich mit Krischna und Balarama Nanda und sein Bruder Upanda und einige andere Hirten auf die Reise. Als sie Mathura erreicht hatten, schlugen sie ihre Zelte an der Stadtmauer auf, und Krischna und seine Begleiter schritten durch die Stadttore, um die Hauptstadt kennenzulernen. Sie schlenderten durch die Straßen, und bald machten sich die Leute gegenseitig auf die beiden Knaben aufmerksam; sie warfen bewundernde Blicke auf sie und sprachen untereinander: „Seht nur, dort geht Krischna aus Brindawana. Er hat ganz allein viele von Kansas Dämonen erschlagen. Und der neben ihm, das ist sein Bruder Balarama. Schaut nur, sie wagen sich in die Stadt und fürchten sich nicht!" Und die Einwohner von Mathura warfen den Brüdern Blumen zu, besprengten sie mit Duftwasser und schütteten Sandelstaub über ihnen aus, denn sie freuten sich, daß Krischna gekommen war, und hofften, Kansas Schreckensherrschaft würde nun bald ein Ende nehmen.

Am Eingangstor zu Kansas Palast standen bewaffnete Wachsoldaten. Als sich Krischna und Balarama näherten, schrie ihnen ihr Anführer zu: „Was tut ihr hier? Dies ist das Tor zum königlichen Palast! Hier habt ihr nichts zu suchen!" Doch Krischna und Balarama beachteten die Wache nicht und betraten den Palast. Sie eilten in die Rüstkammer, wo sich der große Bogen des Gottes Schiwa befand. Krischna ergriff und spannte ihn — und schon zerbrach er. In diesem Augenblick kamen die Soldaten herangestürmt, warfen sich auf die Brüder, doch sie konnten ihnen nichts anhaben.

König Kansa hielt sich zu dieser Zeit im Harem auf. Als er jedoch den Knall hörte, der von dem brechenden Bogen Schiwas kam, wurde ihm Angst. Als ein Höfling eintrat, um ihm Krischnas Ankunft zu melden, trat er zuerst mit Füßen nach ihm und erstach ihn dann unbarmherzig. Er schrie laut: „Alle zu den Waffen! Fangt die Hirten und erschlagt sie!"

Viele Bewaffnete versuchten die beiden zu töten, aber es war umsonst. Da sagte Krischna zu Balarama: „Bruder, wir sollten bald zurückkehren, damit sich Nanda nicht unnötige Sorgen macht, wo wir so lange bleiben. Wir müssen uns beeilen." Bald hatten sie alle Bewaffneten erschlagen und kehrten zu den Zelten der Hirten an der Stadtmauer zurück.

Als Kansa vom Ausgang des Kampfes erfuhr, war er entsetzt. Sofort begab er sich in den Tempel, konnte sich aber nicht zum Gebet sammeln. So legte er sich nieder, fand aber keinen Schlaf. Als er gegen Morgen endlich doch einschlief, quälte ihn ein böser Traum. Er stand blutüberströmt auf dem Friedhof, um den Nacken einen Kranz aus blutigen Blumen. Um ihn herum tanzten laut heulend die Geister der Verstorbenen, wobei sie einander ihre Schädel wie Bälle zuwarfen und gräßlich mit den knöchernen Beinen rasselten. Er erwachte vor Angst und Grauen, doch seine Bosheit hatte ihn noch immer nicht verlassen, und sein Blutdurst lechzte nach neuen Opfern. Je mehr ihn die Angst schüttelte, um so gefährlicher begann er zu rasen. Er rief seine Ratgeber, die ihm völlig hörig waren, zusammen, und befahl ihnen: „Laßt den Kampfplatz herrichten und ausschmücken. Dann ladet alle Höflinge und den übrigen Adel, alle Bürger, Kaufleute und Handwerker ein und vergeßt vor allem die Hirten aus Brindawana nicht. Wer nicht freiwillig kommen will, den schleppt mit Gewalt herbei. Ich fordere Krischna zum Kampf heraus!" Aber er verschwieg, daß er einen hinterlistigen Plan ersonnen hatte.

Bald darauf war der Kampfplatz vorbereitet. Die Sitze trugen Samtüberzüge, die Banner und Wimpel flatterten lustig im Wind, und die Musikanten spielten. Schon trafen die ersten Gäste ein. Selbst die Götter waren auf dieses Schauspiel neugierig und kamen in ihren Himmelswagen angefahren. König Kansa erschien erst, als auch der letzte freie Platz besetzt war, und nahm auf der Tribüne unter einem glänzenden Baldachin Platz. Ihn quälte eine böse Vorahnung.

Krischna und Balarama hatten sich etwas verspätet. Als sie zum Eingangstor kamen, versperrte ihnen ein riesengroßer Elefant den Weg, der die Kraft von vielen Elefanten besaß. Kansa hatte ihn dort hinstellen lassen, damit er die Brüder bereits tottreten sollte, bevor sie sich zum Kampf stellen konnten. Der Elefant füllte das Tor vollständig aus. Krischna forderte den Treiber höflich auf: „Nimm bitte deinen Elefanten ein wenig zur Seite. Du siehst doch, daß wir nicht hinein können, und wir sind geladene Gäste und haben uns schon verspätet." Der Treiber aber antwortete: „Schieb ihn doch selber fort!" Und er stach das Tier mit seinem stachelbewehrten Treibstock, um es zu reizen. Der Elefant stürzte sich auch sogleich auf Balarama, doch dieser versetzte ihm einen solchen Hieb, daß der Dickhäuter zurücktrat, schmerzvoll den Rüssel hob und laut trompetete. Der Treiber fürchtete Kansas Rache, falls es den Brüdern gelingen sollte, lebend den Kampfplatz zu betreten, und deshalb stach er immer heftiger auf den Elefanten ein. Dieser erfaßte Krischna mit seinem Rüssel und wollte ihn in die Luft schleudern. Doch Krischna machte sich so klein, daß er dem Elefanten entwischen konnte. Nun stellten sich die Brüder so hin, daß einer vor und einer hinter dem Elefanten stand. Einer ergriff ihn am Rüssel und der andere am Schwanz. Sie schwangen ihn hin und her, um ihn dann hoch in die Luft zu werfen. Als der Elefant wieder auf die Erde zurückgefallen war, konnte er sich nicht mehr erheben. Krischna trat an ihn heran und gab ihm den Gnadenstoß. Das war das Ende des überstarken Elefanten.

Krischna riß ihm die Stoßzähne aus. Einen gab er Balarama, den anderen behielt er selbst; und so betraten die Brüder unter dem Jubel der Hirten und Bürger von Mathura den Kampfplatz. Nur König Kansa, seine Dämonen und Knechte schwiegen.

Plötzlich schrie der König auf, wobei sich seine Stimme vor Haß und Angst überschlug: „Ergreift und tötet sie!" Daraufhin umzingelten alle Kämpfer, die noch zu Kansa hielten, Krischna und Balarama. Tschanura, einer dieser Männer, trat vor und sagte in herausforderndem Ton zu Krischna: „Heute ist unser König betrübt. Wir müssen ihn ein wenig aufheitern. Tritt vor, Krischna, oder fürchtest du dich?" Und schon sprang er auf Krischna zu. Sie packten einander bei den Armen und stießen krachend mit den Köpfen zusammen. Sie stemmten sich fest auf den Boden und versuchten, einer den anderen zu überwinden.

„Aber das ist doch kein ehrlicher Kampf", raunten die Mathuraner. „Der König handelt heimtückisch und niederträchtig. Wie kann er Tschanura, einen starken und erfahrenen Kämpfer, gegen den jungen Krischna schicken?" Krischna war ihm jedoch gewachsen. Er hielt Tschanura mit seinen starken jungen Armen so lange in der Umklammerung, bis er tot zu Boden sank.

Als das die anderen Kämpfer sahen, stürzten sie sich alle zugleich auf die Brüder, und es entbrannte ein fürchterlicher Kampf. Krischna und Balarama, die überirdische Kräfte besaßen, erschlugen einen Gegner nach dem anderen. Die Mathuraner und Hirten jubelten. Selbst die Götter in ihren Himmelswagen strahlten vor Freude. König Kansa saß totenblaß unter seinem Baldachin. Plötzlich sprang er auf und schrie in den Tumult hinunter: „Alle Bewaffneten vorwärts! Erschlagt vor den Augen der beiden Wasudewa und Dewaki und alle Hirten, und dann schlagt sie selbst tot!"

Doch seine Befehle konnte niemand mehr ausführen. Krischna und Balarama hielten jeder einen Stoßzahn des Elefanten in der Hand, der kräftiger war, als viele Elefanten, und erschlugen damit alle bewaffneten Knechte des bösen Königs. Und dann wurde es still auf dem Kampfplatz.

Krischna sprang mit einem gewaltigen Satz auf die Tribüne, wo der stolze König Kansa mit einem zweischneidigen Schwert in der Hand und einem Goldhelm auf dem Kopf im purpurnen, golddurchwirkten Gewand unter seinem seidenen Baldachin saß und ihm schreckensbleich entgegenstarrte. Er bebte am ganzen Körper, und sein Gesicht war vor Angst, Haß und Schande verzerrt. Er versuchte zu fliehen, um das nackte Leben zu retten, doch Krischna kam ihm zuvor. Er ergriff ihn und warf ihn von der Tribüne herunter, so daß sich Kansa zu Tode stürzte. Krischna rief ihm nach: „Siehst du, Kansa, nun kannst du kein Unheil mehr anrichten. Deine Strafe hat dich ereilt!"

Alle Dörfler, Kinder und Erwachsene, hatten schweigend dem fahrenden Sänger gelauscht. Dschagannath griff zu seiner Iktar und spielte ein kurzes Lied. Dann sang er:

„Ist auch das Märchen trügerisch,
ein Körnchen Wahrheit birgt's in sich.
Was ist Wahrheit, was ist Schein —
finden mußt du es allein."

Und er begann ein neues Märchen.

# Von der Prinzessin Ricke

Es war einmal ein König, der liebte von allen Vergnügungen am meisten die Jagd. So ritt er fast jeden Tag, wenn seine Regierungsgeschäfte besorgt waren, in den Wald, um zu jagen, wobei ihn nur seine besten Freunde begleiteten. Nicht selten geschah es, daß sie im Wald von der Nacht überrascht wurden. Dann breiteten die Jäger ihre Mäntel im weichen Moos aus, legten sich ruhig zum Schlaf nieder und kehrten erst am anderen Morgen in die Stadt zurück.

Der König hatte einen Lieblingsplatz in seinem Wald. Hier war es besonders schön, und der König schlief dort immer viel besser, als in seinem eigenen, prunkvollen Bett. Dichte Büsche umgaben die Waldwiese von allen Seiten, so daß eine natürliche Laube entstanden war, die auch bei Unwetter Schutz bot.

Einmal geschah es, daß zu diesem Lieblingsplatz des Königs eine junge Ricke kam, um dort zu weiden. Das Gras mundete ihr so gut, daß sie immer wieder dieses Plätzchen aufsuchte, bis sie alles abgefressen hatte. Als der König, wie gewöhnlich, dort übernachtete, wunderte er sich zwar, daß das Gras so kurz war, aber er machte sich keine Gedanken darüber. Die Ricke erblickte er niemals. Diese jedoch sah den König sehr oft, und je öfter sie ihn anschaute, desto mehr gefiel er ihr.

Nach einiger Zeit gebar die Ricke ein Knäblein. Sie sorgte mütterlich für das Kind, und auch die anderen Tiere des Waldes halfen, wo sie es vermochten, und so gedieh der Knabe und wuchs heran. Als er schon zwölf Jahre alt geworden war,



*In Dehu*

fragte er eines Tages seine Mutter: „Wer ist eigentlich mein Vater, liebe Mutter, und wo hält er sich auf?“

Die Ricke antwortete ihm: „Dein Vater ist der König, der mit seiner Königin und den Prinzen in einem Palast in der Hauptstadt lebt und unser ganzes Land regiert.“

„So erlaube mir, auch in die Hauptstadt zu gehen“, bat der Knabe. „Ich will dort in den Dienst des Königs treten.“ Die Mutter Ricke gewährte ihm seine Bitte. Sie nahmen Abschied voneinander, und der Knabe ging in die Stadt.

Als er am Tor des Palastes ankam, sagte er der Wache, daß er in des Königs Dienst treten wolle. Die Wache ließ ihn passieren, nicht nur wegen seiner Bitte, sondern vor allem, weil sie mit großer Verwunderung festgestellt hatte, daß der Knabe ihrem König sehr ähnlich war.

Als der Knabe den Thronsaal betrat und sich tief vor dem König verbeugte, schwiegen alle vor Erstaunen. Der König und seine Ratgeber, aber auch alle anderen Höflinge betrachteten ihn und wußten nicht, was sie bei seinem Anblick denken sollten.

Der König fragte ihn: „Wer bist du, Knabe, und warum kommst du zu mir?“

„Ich heiße Hiran“, antwortete der Knabe, „und meine Heimat liegt weit von hier. Ich bin zu dir gekommen, mein Herr und König, weil ich dir dienen will.“

Der König fragte weiter: „Und welchen Dienst könntest du für mich verrichten? Du bist noch nicht sehr groß.“

„Ich vollbringe jede Arbeit, die du mir zu tun befiehlst, mein König“, sagte Hiran.

Da überlegte der König ein Weilchen, und dann sprach er zu ihm: „Geh zuerst in die königliche Küche und bestelle dem Oberstküchenmeister, ich ließe ihm ausrichten, er solle dich, als einen weitgereisten Gast, mit den besten Speisen und Getränken bewirten. Dann kehre zurück, und ich werde dir einen Dienst zuweisen.“ Nach diesen Worten des Königs verneigte sich Hiran und ging in die Küche.

Auch die Ratgeber und der übrige Hofstaat wollten den Thronsaal verlassen, doch der König hielt sie zurück: „Bleibt noch hier. Ich will euch etwas fragen.“ Dann wandte er sich an seinen ältesten Ratgeber und sagte: „Du bist der erfahrenste und weiseste meiner Räte, und deshalb frage ich dich zuerst: Wem sieht dieser Knabe ähnlich, der in meinen Dienst treten will?“

Der Ratgeber wurde ganz verlegen, zögerte mit der Antwort und brachte schließlich stotternd hervor: „Mein allergnädigster König! Wie soll ich es nur sagen? Ich bin schon alt und meine Augen sind nicht mehr gut. Ich kann dir diese Frage deshalb nicht beantworten!“

„Zwar bist du alt, mein lieber Ratgeber, doch deine Augen blicken noch scharf wie die eines Adlers", sagte lächelnd der König. „Sprich nur getrost und sage frei heraus, wem scheint dir dieser Knabe zu ähneln?"

„Sicher irre ich mich", begann er wieder zögernd, „aber ich glaube, daß dieser Knabe jemandem ähnelt, den ich sehr gut kenne."

„Wem also?" drang der König in ihn. „Sprich, ich befehle es dir!"

„Wirst du mir verzeihen, mein König, wenn ich mich irre?" forschte der Ratgeber.

„Das verspreche ich dir."

Da sprach der alte Ratgeber leise: „Der Knabe ist dir ähnlich, mein König. Er ist so sehr dein Ebenbild, wie keiner deiner Söhne!"

„Schau an", warf da der König ein. Dann befragte er alle übrigen Ratgeber und Höflinge um ihre Meinung. Alle bestätigten dem König, daß Hiran ihm tatsächlich ähnlicher sähe, als die königlichen Prinzen.

Da beschloß der König, er werde Hiran gemeinsam mit seinen Söhnen erziehen lassen. Als der Knabe in den Thronsaal zurückgekehrt war, sprach der König zu ihm: „Ich nehme dich in meinen Dienst, Hiran. Deine Aufgabe wird es sein, zusammen mit den Prinzen zu spielen und sich gemeinsam mit ihnen in den Wissenschaften zu bilden." Hiran verbeugte sich tief vor dem König, und der Hofmeister führte ihn zu den Prinzen.

Die Zeit verging und es zeigte sich, daß Hiran bei allen Spielen am geschicktesten und beim Lernen der Klügste war. Der König liebte ihn und begegnete ihm immer sehr freundlich; die Königin jedoch war eifersüchtig und haßte ihn, und deshalb beschloß sie, sich seiner zu entledigen.

Einmal, als Hiran mit den Prinzen Ball spielte und die Königin gerade vorbeiging, flog ihr zufällig der Ball an den Kopf. Es entstand keine Wunde, nicht einmal eine Beule war zu sehen, aber die Königin weinte und klagte laut. Sie lief in ihr Gemach, legte sich auf den Diwan und tat so, als habe sie große Schmerzen.

Als der König von der Krankheit seiner Gemahlin erfuhr, eilte er gleich zu ihr und fragte sie: „Was ist dir geschehen? Was quält dich so? Ich werde gleich den Arzt rufen lassen!"

Die Königin seufzte und stöhnte: „Mich kann nichts mehr retten! Es geht zu Ende mit mir! Der Junge, den du mit unseren Söhnen zusammen aufziehen läßt, hat mir einen Ball an den Kopf geworfen. Sicher tat er das absichtlich!"

Der König betrachtete die Königin näher und sagte dann: „An deinem Kopf ist nicht die geringste Spur einer Verletzung zu sehen! Das kann doch nicht so sehr schmerzen!"

„Es tut mir aber weh!" schrie die Königin weinerlich. „Drinnen im Kopf tut es weh, da kannst du es nicht sehen!"

„Sie wird wohl wirklich leiden", dachte der König bei sich und versuchte sie

zu beschwichtigen: „Beruhige dich doch und weine nicht mehr, sonst werden deine Schmerzen immer größer. Ich will alles tun, was du wünschst, aber hör auf zu klagen!"

„Wirst du wirklich tun, was ich wünsche?" fragte die Königin hinterlistig.

„Aber sicher", nickte der König.

„Dann lasse den Jungen aufhängen, der mich mit dem Ball getroffen hat!" entgegnete die rachsüchtige Königin. „Bevor er nicht am Galgen hängt, werde ich keine Ruhe finden und nicht wieder gesund werden!"

Doch der König hatte ein gutes Herz und wollte Hiran nicht das Leben nehmen. Deshalb rief er den Henker zu sich und befahl ihm, den Knaben zwar am Galgen aufzuhängen, doch dazu eine so weiche Schnur zu nehmen und sie so zu knüpfen, daß Hiran am Leben bliebe und der Strang seinen Nacken weder reiben noch drücken dürfe. Der Henker führte diesen Befehl zuverlässig aus. Dann stellte der König eine Wache unter den Galgen, damit sie Hiran gut behüte, und kehrte in seinen Palast zurück.

An diesem Tag war Hirans Mutter, die Ricke voller Unrast und Unruhe. Sie fühlte sich unsicher, beengt und verfolgt, und diese Unruhe trieb sie aus ihrem Wald fort der Hauptstadt zu. Sie lief fast den ganzen Tag, und als sie gegen Abend endlich die Stadt erreichte, fand sie ihren Sohn Hiran am Galgen hängend.

Da begann sie verzweifelt zu weinen und zu klagen: „O wehe, mein liebes Söhnchen, was hast du nur getan, daß dich der König so hart bestraft hat!" Sie glaubte, Hiran sei tot. Doch dieser antwortete ihr: „Weine nicht, liebe Mutter! Ich lebe und bin gesund! Der Grund dafür, daß mich der König hier aufhängen ließ, ist meine Stiefmutter."

Da freute sich die Ricke, daß ihr Kind noch lebte, stellte sich auf die Hinterbeine und nahm Hiran vom Galgen ab. Sie wiegte ihn zärtlich in ihren Vorderläufen. Dann lief sie fort und kehrte bald mit verschiedenen Früchten zurück, die sie ihm zu essen gab. Sie blieb die ganze Nacht bei Hiran, und als der Morgen graute, hängte sie ihn wieder an den Galgen und lief davon.

Das alles hatte der Wächter beobachtet und er ging in den Palast, um es dem König zu melden. Dieser wunderte sich sehr und befahl dem Wächter: „Kehre gleich zum Galgen zurück und nimm Hiran ab. Aber sei geschickt, daß die Königin es nicht sieht. Dann führe ihn in die Küche und gib ihm reichlich zu essen und zu trinken. Wenn er satt ist, lege ihn in einer abgelegenen Kammer in ein weiches Bett, damit er sich ausschlafen kann. Abends kommst du mit ihm zu mir, und dann hängst du Hiran wieder an den Galgen, und ich werde selbst zusehen, was geschieht. Ich muß doch herausbekommen, wer Hiran eigentlich ist, was mit der Ricke ist und warum der Knabe gesagt hat, daß die Ursache dafür, daß er am Galgen hängt, bei seiner Stiefmutter liegt!"

Der Wächter führte alles so aus, wie es der König angeordnet hatte. Als es Abend wurde, führte er Hiran zum König. Dieser nahm den Knaben an die Hand und begab sich mit ihm und dem Wächter zum Galgen. Dort sprach der König zu Hiran: „Tue für mich noch einmal, um was ich dich bitte. Ich verspreche dir, daß dir nichts Böses geschehen soll, weil ich für dich eine ganz besondere Zuneigung empfinde. Vor dem Zorn der Königin werde ich dich gut behüten, denn König bin ich, und ohne mein Wissen und meine Zustimmung darf in meinem Reiche nichts geschehen. Doch ich muß wissen, was hier eigentlich vor sich geht."

„Gut, mein Herr und König", entgegnete Hiran. „Ich werde mich um deinetwillen noch einmal an den Galgen hängen lassen. Aber lasse du dich zu keiner unbesonnenen Tat hinreißen."

„Das brauchst du nicht zu befürchten", beruhigte ihn der König.

Darauf hängte der Wächter Hiran vorsichtig an den Galgen, und dann versteckten sich beide in einem nahen Gebüsch. Es dauerte nicht lange, und die Nacht brach herein. Da kam auch schon die Ricke herbeigelaufen, stellte sich auf die Hinterbeine und nahm Hiran vom Galgen ab. Sie wiegte ihn zärtlich hin und her und streichelte ihn mütterlich. Dann lief sie wieder fort und brachte ihm verschiedene Früchte, damit er sich erfrischen konnte. Der König beobachtete beide aus dem Gebüsch heraus und belauschte ihr Gespräch. Doch dabei mußte er ständig überlegen, warum Hiran wohl die Ricke Mutter nannte und weshalb er als Ursache dafür, daß er am Galgen hängen mußte, seine Stiefmutter angab, da doch der König wußte, daß es die Königin war, die durch ihre Forderung sein Aufhängen verursacht hatte.

Als der Morgen graute, hängte die Ricke Hiran wieder an den Galgen und verabschiedete sich von ihm mit den Worten: „Heute abend komme ich wieder und bleibe die ganze Nacht bei dir. Doch lieber möchte ich, daß du mit mir in den Wald zurückkehrtest." In diesem Augenblick sprang der König aus dem Gebüsch hervor und fing die Ricke.

„Laß mich, laß mich!" rief sie erschreckt.

Aber der König hielt sie fest und ließ sie nicht. „Ich werde dich nicht eher freigeben", sagte er, „bevor ich nicht erfahre, wer du bist und wer Hiran ist, dieser Knabe, der mir so ähnlich sieht, wie keines meiner eigenen Kinder! Ich muß dies Geheimnis endlich lüften!"

„Gern werde ich deine Fragen beantworten", sprach da die Ricke. „Aber du mußt erst erfüllen, worum ich dich bitte."

„Was also soll ich tun?" fragte der König und gab sie frei.

Da erwiderte die Ricke: „Zuerst mußt du Hiran vom Galgen abnehmen." Der König tat, wie sie ihn geheißen hatte, und fragte dann weiter: „Und was nun?"

„Jetzt ziehe deinen Säbel", sprach die Ricke, „und schlage mir den Kopf ab!"

Der König zögerte, doch die Ricke ermunterte ihn: „Zögere nur nicht, mein König, und schlage kräftig zu!"

Da holte der König aus und schlug mit aller Kraft zu. Kaum hatte jedoch die scharfe Schneide des Säbels den Nacken der Ricke berührt, war diese plötzlich verschwunden, und an ihrer Stelle stand eine wunderschöne Prinzessin. Hiran und der König waren völlig überrascht.

Da begann die Prinzessin zu sprechen: „Ich bin die Tochter des Königs von Bhodschpur. Eine böse Zauberin hat mich in eine Ricke verwandelt, weil ich ihren abscheulichen Sohn, der auch ein Zauberer ist, nicht heiraten wollte. Der Zauber konnte nur gelöst werden, wenn mir der Vater meines Sohnes mit seinem Säbel den Kopf abschlagen würde. Das ist nun heute geschehen. Denn Hiran, mein König, ist unser beider Sohn."

Hiran warf sich der Prinzessin in die Arme, und der König konnte vor Überraschung kein Wort hervorbringen. Dann erzählte die Prinzessin, wie sie in ihrer Rehgestalt auf der Waldwiese weidete, wo der König zu übernachten pflegte, wenn ihn bei der Jagd die Dunkelheit überfallen hatte; wie sie Hiran großzog und dieser sich dann entschloß, in den Dienst des Königs zu treten. Da begriff der König endlich, warum ihm Hiran so ähnlich war. Er schloß ihn in seine Arme und sprach: „Nun kommt ihr beide mit in meinen Palast, und dort wollen wir zusammen leben, da uns das Schicksal so glücklich zusammengeführt hat." Und so gingen sie zusammen in das Schloß.

Die böse Königin ließ der König aus dem Lande jagen, und Hiran ernannte er zu seinem Kronprinzen, da er von allen seinen Söhnen der geschickteste und klügste war. Mit der Prinzessin von Bhodschpur feierte er eine glanzvolle Hochzeit. Und so lebten sie noch lange Zeit in Glück und Zufriedenheit.

Als Dschagannath sein Märchen beendet hatte, gingen alle Zuhörer auseinander und der fahrende Sänger begab sich in die Pilgerherberge. Dort trank er Tee und legte sich dann zur Ruhe nieder. Am nächsten Morgen ging er zum Basar und kaufte sich ein Büschel Bananen. Dann machte er sich auf den Weg nach Koregaon. Als er das Dorf erreicht hatte, lenkte er seine Schritte zum Häuschen seines alten Freundes, eines Mitglieds des Dorfrates der Alten, der, wie er selbst, Dschagannath hieß. Seine Hütte bestand aus einem einzigen Raum. In einer Ecke befand sich eine Nische mit dem Bildnis des gnadenreichen Gottes Wischnu, geschmückt mit Blüten und Räucherstäbchen. In der anderen Ecke lagen einige Messinggefäße, ein steinerner Stößel für Getreide und Hülsenfrüchte, eine Steinplatte zur Vorbereitung der Speisen und eine Teigrolle aus Stein; dann standen dort noch ein großer Tonkrug mit Wasser und Blechbehälter mit Mehl, Reis, Linsen und anderen Nahrungsmitteln. An den Wänden entlang lagen auf Matten zusammengefaltete Decken. Der Fußboden der Hütte bestand aus gestampftem Lehm.

Die Freunde begrüßten einander herzlich, und die Frau begann sogleich, zu Ehren des seltenen Gastes ein Abendessen vorzubereiten. Nach dem Essen, als es sich in Koregaon schon herumgesprochen hatte, daß der fahrende Sänger eingetroffen war, kamen alle Bewohner auf dem Dorfplatz unter den schattigen Mangobäumen zusammen, und Dschagannath, der Märchenerzähler, begann eine neue Geschichte zu erzählen.

# Vom tapferen Prithwiradsch

Der Herrscher von Delhi, König Anangpal aus der Dynastie Tomar, vermählte seine Tochter Kamla unter allergrößten Feierlichkeiten mit König Someschwar aus der Dynastie Tschauhan. Die Hochzeitsfeier dauerte mehrere Wochen und war so überwältigend, daß kein Dichter sie beschreiben konnte. Anangpal gab seiner Tochter eine Mitgift von zahlreichen Sklavinnen, vielen Dörfern mit allen Ländereien und Untertanen sowie Elefanten, Pferde, Kamele und Stiere mit Wagen, aber auch unermeßlich viel Gold, kostbare Geschmeide und Edelsteine und schließlich eine mächtige Grenzveste mit starken Mauern und tiefen Gräben, die so gut wie uneinnehmbar war.

Nach den Hochzeitsfeierlichkeiten verabschiedete sich König Someschwar von seinem Schwiegervater und kehrte mit seiner Gemahlin in seine Hauptstadt Adschmer zurück. Es war eine lange Karawane, die aus Delhi abzog, denn Anangpal und Someschwar waren damals die mächtigsten Könige in Indien.

Someschwar Tschauhan herrschte nicht nur in seinem eigenen Land, sondern ihm waren auch noch einige Nachbarreiche tributpflichtig. Er war von stattlicher Gestalt, trug einen mächtigen schwarzen Schnurrbart und gehörte zur Blüte des Adels von Radschput. Durch seine Ehe mit Kamla hatte sich seine Machtstellung noch gefestigt.

Nach einem Jahr wurde dem Königspaar in Adschmer ein Sohn geboren. Er erhielt den Namen Prithwiradsch. Nach den Weissagungen der Sterndeuter kam er in einem glücklichen Augenblick zur Welt, denn alle Planeten und Gestirne hatten eine günstige Konstellation. Als ein Eilbote dem alten König Anangpal die Ankunft seines Enkelsohns anzeigte, beschenkte ihn dieser reich für diese Botschaft und ließ dann ein großes Festmahl herrichten. Ganz Adschmer feierte die Geburt des ersten Prinzen; überall wurde gesungen, getanzt und nach Herzenslust geschmaust und gezecht. Über den Himmel jagten die Götterwagen, und die Götter ließen Blüten und einen duftenden Regen zur Erde rieseln. Kamlas einzige Schwester Sursundri, die mit König Widschajpal in Kannaudsch vermählt war, schickte eine kunstvoll gestickte, seidene Ausstattung und einen goldgetriebenen Pokal. Prinz Prithwiradsch war wirklich unter einem glücklichen Stern geboren, denn er besaß alle zweiunddreißig Zeichen der Schönheit, der Anmut und des Glücks. Während der glanzvollen Geburtstagsfeiern in Adschmer, Delhi und Kannaudsch wurden unzählige Priester, Heilige und Büßer bewirtet, und unter die Armen verteilte man viele, viele Gulden und schmiedeeiserne Truhen.

In der Familie eines gelehrten, aber armen Brahmanen wurde auch ein Knabe geboren, der in der selben Stunde des selben Tages wie Prithwiradsch zur Welt kam. Seine Eltern nannten ihn Tschand. Dieser Knabe wurde später der treueste Freund und Ratgeber des Prinzen Prithwiradsch. Er verließ ihn niemals und stand ihm immer zur Seite.

Der kleine Prithwiradsch wuchs schneller heran, als andere Knaben. Als er genau ein Jahr, einen Monat, eine Woche, einen Tag, eine Stunde und eine Minute alt war, fand eine feierliche Zeremonie statt, und der königliche Oberpriester legte ihm eine Halskette aus Löwenkrallen um. Prithwiradsch war ein liebenswerter Junge. Er konnte schon sprechen und hatte ein zartes Stimmchen wie ein Heupferdchen. Seine dichten schwarzen Haare fielen in Locken auf die Schultern, und wenn er lachte, erstrahlte alles.

Als es Zeit für ihn wurde, etwas zu lernen, unterrichtete ihn ein weiser Lehrer in vierzehn Wissenschaften, und er lehrte ihn auch, mit der Rohrfeder auf Seide zu schreiben. Auch in den zweiundsiebzig Künsten, Geschicklichkeiten und Fertigkeiten sowie in den vierundachtzig Kenntnissen unterwies er ihn. Schließlich lehrte er ihn noch sechs Sprachen und machte ihn mit sechs philosophischen Systemen bekannt.

Anangpal, der alte Herrscher von Delhi, besaß zwei Töchter, Kamla und Sursundri, doch keinen Sohn. Das betrübte ihn, da er nicht wußte, wem er später sein Reich vererben sollte. So rief er seinen Sterndeuter, einen weisen und gelehrten Mann, zu sich und sprach zu ihm: „Du bist ein weiser Mann und vermagst in den Sternen wie in Büchern zu lesen. Sage mir, was wird die Zukunft bringen. Ich habe keinen Nachfolger und kann auch auf keinen Sohn mehr hoffen. Ich fürchte, mein Reich wird einst, wenn ich sterbe, durch innere Streitigkeiten zerfallen, und es wird fremden Eroberern gelingen, meinen Thron zu besteigen. Was steht dazu in den Sternen geschrieben?"

Der Sterndeuter erforschte lange das Firmament und dann sagte er: „Du vermutest recht, mein König, einen Sohn wirst du nicht mehr bekommen. Doch fürchte nichts, dein Reich wird weiterbestehen! Ich sehe, daß im Reiche Mewat, in der Hauptstadt Adschmer, im Palast des Königs Someschwar ein Jüngling heranwächst, der große Fähigkeiten besitzt, alle Waffen unübertroffen handhabt, in allen Wissenschaften bewandert und mit allen Künsten begabt ist. Es ist dies dein Enkelsohn Prithwiradsch. Und ihn wirst du nach Delhi berufen, damit er dein Nachfolger wird. Ich sehe voraus, daß unter der Regierung Prithwiradsch dein Reich blühen und erstarken wird; unbarmherzig wird Prithwiradsch die eroberungslustigen afghanischen Turuschka bekämpfen, die von Nordwesten her in sein Reich einfallen werden, und durch ihn wird der Ruhm deines Hauses und der Dynastie Tschauhan neuen, unsterblichen Glanz erhalten."

„Ja, so werde ich handeln", dachte Anangpal und entließ den Sterndeuter mit reichen Geschenken versehen.

Inzwischen wuchs der junge Prithwiradsch heran. Sein Ruhm und seine Beliebtheit im Volk nahmen zu. Er war nun zweiundzwanzig Jahre alt und stattlich anzusehen. In der Schlacht kämpfte er mutig, und die Feinde fürchteten seine starken Arme wie die Donnerkeulen des Gottes Indra. Ihn konnte niemand vertreiben, wo er einmal stand. Dazu war er schnell und behend wie der Wind, sowohl im Kampf, wenn er den fliehenden Feind verfolgte, als auch bei der Jagd, wenn er mit seinen Hunden dem flüchtenden Wild nachsetzte.

Tschand, der Sohn des armen Brahmanen, und der Prinz waren unzertrennliche Freunde geworden. Schon als Knaben hatten sie sich kennengelernt. Prithwiradsch spielte damals vor den Toren des Palastes mit den Söhnen der Hofleute und der Bürger von Adschmer. Der Prinz führte die eine Seite in den Kampf, Tschand war Anführer der anderen. Schon drohte die Schlacht loszubrechen, da trat Tschand vor seine Krieger, hob den rechten Arm in die Höhe und trug mit kindlich heller Stimme diesen Vers vor:

„Soldaten mit dem Schwert, dem scharfen,
Die Elefanten warten schon.

Aufgesessen, ihr Getreuen,
der Sieg im Kampf ist unser Lohn!"

Erst dann entbrannte die Schlacht. Es ist zwar nicht mehr bekannt, welches Heer damals den Sieg errang, doch nach dem Friedensschluß trat Prinz Prithwiradsch an Tschand heran und fragte ihn: „Was war denn das für ein Vers, mit dem du den Kampf eröffnet hast?"

„Ach, das ist mir nur so eingefallen", erwiderte der Knabe. „Du mußt wissen, ich bin ein Dichter." Prithwiradsch gefiel Tschand sehr, und so schlossen sie Freundschaft, verließen einander nicht, weder in guten noch in bösen Zeiten.

Eines Tages begaben sich Prithwiradsch und Tschand mit großem Gefolge auf die Jagd. Der Prinz ließ Pferde, Elefanten, Hunde und abgerichtete Leoparden sowie viele Treiber vorbereiten, und auch ein reichliches Mahl wurde nicht vergessen. Dann verließ der Zug die Stadt. Die Jäger waren mit Pfeilen, Spießen und Lanzen bewaffnet, und jeder einzelne trug noch einen Schild, damit er sich vor dem Angriff eines Raubtiers schützen konnte. Bald hallte der Wald vom Bellen der Hunde und Schnauben der Pferde, vom Trompeten der Elefanten und dem Brüllen der Leoparden wider.

Die Jäger auf den flinken Pferden und mächtigen Elefanten ritten eine Anhöhe hinauf, denn dort hielt sich viel jagdbares Wild auf. Der Wald wurde dichter und dichter. Lianen hingen von den Bäumen, und das Blätterdach ließ die Sonne nicht herein. Herrliche Blumen, in allen Farben und Formen, strömten einen betäubenden Duft aus. Doch dies alles beachteten die Jäger nicht. Sie setzten nur, die todbringende Waffe in der Hand, der fliehenden Beute nach.

Im tiefen Wald saß, unter einem weitverzweigten Mangobaum auf gekreuzten Beinen, ein Pilger. Sein Körper war ausgedörrt, doch seine klugen Augen ließen einen wachen Geist erkennen. Sein ganzer Besitz bestand aus einem rosenhölzernen Rosenkranz, einem Pantherfell, das seine Blöße deckte, einer Kokosschale für das Wasser und einer Schilfmatte, die ihm zum Schlafen und bei Unwetter zum Schutz gegen Regengüsse diente. Er war ein heiliger Mann, der die Rätsel des Lebens und des Todes kannte und dem nichts verborgen blieb. Aus seinen tiefen, dunklen Augen strahlte Erkenntnis.

Der einzige Jäger, der diesen heiligen Mann bemerkt hatte, war Tschand; die anderen waren vorübergejagt. Tschand hatte gleich bemerkt, daß dies ein Heiliger war, und er wollte daher gern mit ihm sprechen. Er näherte sich ihm, verneigte sich ehrerbietig und legte die gefalteten Hände an die Stirn. Dann sagte er: „Ich verneige mich vor dir, du Wesen ohne Anfang und Ende. Mein Leben ist erfüllt, weil ich dich gesehen habe und mich vor dir verneigen darf." Er beugte sich bis auf die Erde und berührte mit seiner Stirn demütig die Füße des Pilgers. „In dir weilt der Geist des Schöpfers Brahma, des Erhalters des Wischnu und des Vernichters

Schiwas. Ich beuge mich vor dir, heiliger Mann! Schenke mir deinen gnädigen Blick!"

Da entgegnete der Pilger: „Sei gegrüßt, Tschand! Ich wußte, daß du heute kommen würdest. Ich habe für dich ein Geschenk, das nicht nur dir, sondern auch dem Prinzen Prithwiradsch von Nutzen sein wird." Darauf schwieg er ein Weilchen und fuhr dann fort: „Ich will dir einen Zauberspruch verraten. Wenn du ihn aussprichst, erscheinen zweiundfünfzig Recken; sie besitzen eine geheimnisvolle Macht und sind dir immer zu Diensten, ganz gleich, was du ihnen zu tun befiehlst."

Tschand glaubte, sich verhört zu haben. Aber der Pilger sprach weiter: „Tritt nur näher, mein Sohn, damit ich dir den Zauberspruch zuflüstern kann." Und dann flüsterte er ihm ins Ohr: „Om tat sat, om tam tham dam dham ṇam, om hriṃ swaha!"

Tschand prägte sich den geheimnisvollen Spruch ein, dankte dem heiligen Mann, verneigte sich noch einmal tief vor ihm, saß auf und eilte den anderen Jägern nach.

Prinz Prithwiradsch war inzwischen, begleitet von seiner Jagdgesellschaft, auf einem weißen Elefanten weitergeritten, die Leoparden führte er an seidenen Schnüren mit sich. Zweirädrige, von Büffeln gezogene Karren folgten ihnen; die Diener sammelten die erlegten Tiere ein und warfen sie auf die Wagen. Bald holte Tschand die Jäger ein und beteiligte sich erneut an der Jagd.

Als die Jäger müde waren, und die Wagen unter ihrer Last fast zusammenbrachen, versammelte sich die Jagdgesellschaft am Waldrand, um der wohlverdienten Ruhe zu pflegen und sich durch erlesene Speisen und Getränke zu erquicken. Sie ließen sich unter perlenbestickten, goldgesäumten Baldachinen auf bestickten Decken nieder, dann warteten ihnen die Diener auf. Alle waren mit dem Ausgang der Jagd sehr zufrieden und lobten den Prinzen, daß er ihnen so angenehme Kurzweil verschafft habe, und sie rühmten auch seine Bewirtung. Dazu trug der Dichter Tschand einige feierliche Strophen zu Ehren Prithwiradschs, aller Gäste und der gelungenen Jagd vor.

Und während sie fröhlich und sorglos schmausten und plauderten, schlich ein hungriger Tiger an die angebundenen Pferde und Elefanten heran, um Beute zu machen. Die Tiere hatten ihn schon gewittert und trompeteten und wieherten laut, doch die heiteren Jäger beachteten das nicht. Als der Tiger schon ganz nahe war, zerrissen die Elefanten und Pferde ihre Fesseln und Zügel und sprengten auseinander; die Pferde flohen vor dem Raubtier, die Elefanten jedoch stürzten ihm entgegen und wollten es zerstampfen. Die Jäger sprangen von ihren Decken auf und bemühten sich, die aufgescheuchten Tiere zu beruhigen; doch vergebens — einer rannte über den anderen, und sie konnten der Lage nicht Herr werden. Da erinnerte sich Tschand der Zauberformel des Pilgers und sprach sie rasch aus. Im Nu standen zweiundfünfzig Recken vor ihm und sagten wie mit einer einzigen Stimme: „Was befiehlst du, Herr?“

„Helft uns“, rief Tschand, „ein Tiger kam und scheuchte unsere Pferde und Elefanten auf. Beeilt euch und fangt sie alle wieder ein!“

Die Recken verbeugten sich und machten sich ans Werk. Augenblicklich standen alle Pferde und Elefanten wieder angebunden an ihren Plätzen, und der Tiger lag gefangen und gefesselt zu Tschands Füßen. Dann verbeugten sich die Recken wieder vor Tschand und verschwanden, ehe er ihnen noch danken konnte. Alle Jäger starrten gebannt auf dieses unbegreifliche Wunder.

„Tschand, mein lieber Tschand“, rief Prinz Prithwiradsch endlich, „was ist geschehen? Ich wußte ja nicht, daß du zaubern kannst! Erzähle mir, wie du zu dieser Fähigkeit gekommen bist.“ Und Tschand berichtete ihnen, wie er den heiligen Mann erblickt habe und sich vor ihm verneigte, und wie er von diesem ein Geschenk erhielt — die Zauberformel. Der Prinz und die Jäger konnten es kaum glauben, doch vor ihnen lag der gefesselte Tiger, zwar ruhig, doch seine Augen rollten hin und her und seine Schwanzquaste peitschte die Erde. „Und zum Beweis dessen, daß mein Bericht der Wahrheit entspricht“, wandte sich Tschand an Prithwiradsch, „siehst du hier den Tiger liegen, der alles verursacht hat. Ich schenke ihn dir als Beweis meiner aufrichtigen Verehrung und Freundschaft, die ich für dich hege.“

So endete die Jagd, und alle kehrten mit ihrer Beute heim. Später hat man noch gehört, daß einige Gäste des Prinzen sich sehr bemüht hätten, jenen Pilger zu finden, um ihm seine geheimnisvolle Macht zu entlocken; doch niemand hat ihn je wieder erblickt.

Zu der Zeit schrieb König Anangpal aus Delhi seinem Schwiegersohn Someschwar in Adschmer einen Brief. Darin teilte er ihm seinen Entschluß mit, die Herrschaft seinem Enkel Prithwiradsch zu übertragen, und bat beide, nach Delhi zu kommen. Den Brief überbrachten festlich gekleidete Höflinge. Sie saßen auf feurigen Schimmeln, die reichgeschmückte Sättel und rotweiße Schabracken trugen. König Someschwar berief eine Sitzung seines Hofrates ein, an dem sich, außer Prithwiradsch, auch die Gäste aus Delhi und der Adel des Hofes von Adschmer beteiligten. Auch Tschand, der Dichter und Freund des Prinzen, fehlte nicht.

Als alle versammelt waren, wandte sich Someschwar an seinen Sohn und sprach: „Unserer Dynastie und vor allem dir, mein lieber Sohn, ist eine große Ehre widerfahren. König Anangpal Tomar, dem die Götter keinen Sohn und Nachfolger beschieden haben, hat dich, Prinz Prithwiradsch, erwählt, nach ihm den Thron zu besteigen. Er bittet uns, nicht zu zögern, um zu ihm nach Delhi zu



*In Koregaon*

kommen. Bereitet also die Wagen vor und sattelt die Pferde und Elefanten. Morgen früh werden wir uns auf die Reise begeben."

In Delhi gab Anangpal zu Ehren der Gäste aus Adschmer einen festlichen Empfang. Und als, nach den Weissagungen der Sterndeuter, der rechte Augenblick gekommen war, übergab er seinem Enkel Prithwiradsch die kunstvoll auf Seide geschriebene Krönungsurkunde und führte ihn dann selbst zu dem goldenen Thron. Als Prithwiradsch sich niedergelassen hatte, brachen alle in begeisterte Hochrufe aus und die Trommeln dröhnten wie die lautesten Donnerschläge zu Beginn der Regenzeit. Auf hundert Elefanten und tausend Pferden zogen Berittene durch die Stadt und warfen Geld, Perlen und Edelsteine unter die Menge. So wurde Prithwiradsch Herrscher in Delhi.

In Afghanistan herrschte zu der Zeit Sultan Schihabuddin Ghori. Er war der kriegerischste und habgierigste Herrscher der Dynastie Turuschka. Er beobachtete argwöhnisch und neidisch Prithwiradschs Reich und beschloß eines Tages, in Delhi einzufallen. So rief er denn seine Heerführer zusammen und befahl ihnen: „Morgen früh ziehen wir nach Delhi. Ruft alle Soldaten zu den Waffen!" Und am nächsten Tage näherte sich das afghanische Heer in Eilmärschen den Grenzen von Prithwiradschs Reich.

König Prithwiradsch weilte gerade mit seinem Gefolge unweit der Grenze auf der Jagd. Als ihm seine Späher die Kunde vom Anzug Turuschkas brachten, berief er den Kriegsrat ein. Der Ratgeber Kaimas ließ die Kriegstrommeln rühren, und das Radschputer Heer versammelte sich zum Kampf. An seiner Spitze ritt, auf einem Schimmel, König Prithwiradsch. Die Späher hatten erkundet, daß das afghanische Heer ein Lager aufgeschlagen hatte, um sich von den Strapazen des Marsches auszuruhen. Sie ahnten nicht, daß Prithwiradsch mit seinen Soldaten nahe war. Der König beschloß mit Zustimmung seiner Ratgeber, sich dem Lager des Turuschka im Schutze der Dunkelheit leise zu nähern, um es dann bei Morgengrauen zu überfallen. Und so geschah es.

In der Morgenfrühe ertönten die Kriegstrommeln, und dann überschütteten die Radschputer Bogenschützen das afghanische Lager mit einem Pfeilregen. Ehe sich die Afghanen noch besinnen konnten, war die indische Reiterei schon herangestürmt und richtete ein schreckliches Blutbad an. „Dschaj Har Har! Es lebe Schiwa!" scholl es aus tausend Kehlen der Radschputer Krieger, die die Kämpfer des Turuschka mit Säbeln, Schwertern und Lanzen zu Boden streckten. Prithwiradsch kämpfte todesmutig, die Zügel hielt er zwischen den Zähnen, und in jeder Hand schwang er einen Säbel. Weitere Radschputer Kämpfer warteten im Hinterhalt, und als die erste Reiterwelle das afghanische Lager überrannt hatte, warfen sich diese auf die Eindringlinge, während die ersten Reiter bereits wieder ihre Pferde wendeten und das Lager von der anderen Seite angriffen. So kamen die Turuschka überhaupt nicht zur Besinnung.

Sultan Schihabuddin, der über den vernichtenden Überfall der Inder außer sich war, drohte seinen fliehenden Kriegern schwere Strafen an, aber niemand hörte auf ihn, denn jeder rannte um sein Leben. Da befiel den Sultan Angst. Bei ihm waren nur einige erschöpfte, blutüberströmte Männer seiner Leibwache, die sich kaum noch zu wehren vermochten. Sie fielen alle, und Schihabuddin, der stolze Sultan, wurde gefangen und gefesselt. Die Inder stimmten sodann eine jubelnde Siegesmusik an.

König Prithwiradsch ließ den gefesselten Sultan vor sich bringen und sprach zu ihm: „Du bist einfach in unser Land eingefallen und hast dafür deine Strafe bekommen, denn von deinem Heer blieb niemand unverwundet übrig. Obwohl du dein Leben verwirkt hast, schenke ich dir das Leben. Aber lasse es dir nie wieder einfallen, mein Reich mit Krieg zu überziehen."

Dann ließ er den Sultan in eine reichverzierte Sänfte setzen, und acht der schnellsten Läufer trugen ihn in seine Hauptstadt, nach Afghanistan, zurück. Prithwiradsch war ein guter und edler König, doch Sultan Schihabuddin vergalt ihm seinen Großmut mit Verrat und Treuebruch.

Zu der Zeit herrschte in Gurdscharhara König Bhim aus der Dynastie Tschalukja. Er war ein mächtiger König, und auch ihn befielen Eifersucht und Neid auf Prithwiradsch, weil dieser Anangpals Reich geerbt hatte; ihn störte der Machtzuwachs der Dynastie Tschauhan. So rief er eines Tages seine Ratgeber zu sich und fragte sie: „Ratet mir, was ich tun soll. Die steigende Macht des Hauses Tschauhan gefällt mir nicht."

„Du hast recht", stimmten ihm seine Räte zu. „Deine Augen sehen mehr und weiter als andere. Wir sollten deshalb die Tschauhan überfallen und ihnen ein großes Stück Land wegnehmen, das wir dann Gurdscharhara angliedern." Und so zogen sie mit ihrem Heer nach Delhi.

König Prithwiradsch befand sich gerade auf einem Feldzug zur Unterdrükkung aufständischer Stämme im Norden des Landes und hatte die Regierungsgeschäfte dem weisen Kaimas übertragen, den er aus Adschmer mitgebracht hatte. Als Kaimas von König Bhims Eroberungsabsichten erfuhr, veranlaßte er sogleich alles Erforderliche, um dem Feind entgegenzutreten. Aber auch König Someschwar zog, als er von den bösen Absichten Bhims erfuhr, mit seinem Heer der Armee des Tschalukja entgegen, um sie noch vor Delhi zu umzingeln und zu vernichten. Beim Zusammenprall beider Heere entbrannte eine heiße Schlacht. Im bleichen Licht des Mondes blitzten die Waffen auf und surrten die Pfeile durch die Nacht. Viele Krieger verloren ihr Leben.

Da bemerkte Someschwar, daß Bhim versuchte, mit seiner Leibwache aus der Umzingelung auszubrechen. Er galoppierte los und warf sich in das Schlachtgetümmel. „Wenn Bhim fällt, dann siegen wir", dachte er, und eilte dorthin, wo

78) *In Koregaon*

Bhim sich nach allen Seiten verteidigte. Mit aller Kraft stieß er seinen Säbel in den Körper des Feindes, doch sein Säbel verfing sich in Bhims Kettenhemd, und ehe es Someschwar gelang, ihn aus den Metallringen zu befreien, schlug ihm Bhim mit einem Hieb den Kopf ab. So fiel der Vater, der in den Kampf gegangen war, den Sohn zu retten. Alle waren entsetzt, denn König Someschwar war von allen als edler Herrscher geehrt und geachtet. Nun endete die Schlacht. Alle waren betrübt und traurig, nur König Bhim stellte seinen Hochmut zur Schau.

Als die Krieger von Adschmer, die die Schlacht mit dem Tschalukja überlebt hatten, Prithwiradsch den Leichnam seines Vaters brachten und alles berichteten, war er untröstlich. Er ließ ein feierliches Begräbnis ausrichten, und es fehlte nichts, was dem Andenken Someschwars, wie es Sitte war, fehlen konnte. Zwölf Tage lang schlief Prithwiradsch auf einer groben Schilfmatte und nahm täglich nur einmal eine einfache Speise zu sich. Die Krieger von Adschmer belohnte er reichlich, und den Witwen und Waisen der Gefallenen zahlte er eine ständige Unterstützung. Als die Trauerzeit vorüber war, übernahm er die Regierung des Reiches von Mewat und vereinigte es mit dem Reich seines Großvaters Anangpal zu einem großen Königreich.

Prithwiradsch sann auf Vergeltung, denn Bhims Einfall in Delhi stellte einen hinterhältigen Verrat und Treuebruch dar. Auch alle Radschputer Krieger aus Delhi und Adschmer glühten vor Rache für Someschwar. Und so erdröhnten die Kriegstrommeln und Prithwiradschs Heer formierte sich. Es waren so viele Krieger, daß es aussah, als hätten sich alle Gewitterwolken vor Beginn der Regenzeit im Lande zusammengeballt. Die Klänge der Kampfmusik, die hunderte Instrumente hinausschmetterten, erschallten, so daß die Ohren dröhnten. Dann setzte sich der Zug in Bewegung. Die Waffen klirrten, die Riemen der Pferdegeschirre knarrten, und die Schellen der Kriegselefanten klingelten. Die Befehle, die die Ober- und Unterführer des Heeres erteilten, waren überall zu hören. Banner und Wimpel flatterten. Und so wälzte sich das Heer der Radschputer Krieger vorwärts wie eine Lawine, vor der es keine Rettung gab.

Plötzlich kam die Armee des Tschalukja in Sichtweite. An ihrer Spitze stand König Bhim. Da spannten Prithwiradschs Bogenschützen ihre Sehnen, und die übrigen Krieger zogen ihre Säbel und Schwerter oder ergriffen ihre Speere und Lanzen. Schon schnellten die ersten Pfeile und streckten einige gegnerische Kämpfer nieder. Die Heere näherten sich einander und es begann der Nahkampf. Säbel und Schwerter kreuzten sich und der Tod hielt reiche Ernte.

König Prithwiradsch kämpfte wie ein Löwe. Aus seinen Augen flammte Rachedurst. Er hieb die Krieger des Tschalukja nieder. Laute Kampfesrufe ausstoßend, feuerte er seine Kämpfer an. Die Schlacht war so blutig und grausam, als kämpften Götter mit Dämonen.

Als von den Tschalukja-Kriegern nur noch eine Handvoll übrig waren, warf sich Prithwiradsch auf König Bhim, er schlug ihm mit einer geschickten Bewegung das Schwert aus der Hand und zielte mit der Spitze seines Säbels auf seine Kehle. Dabei sprach er: „Endlich habe ich dich, der mir den Vater erschlug, gefunden. Ich habe dich besiegt und könnte dich töten, um meine Rache zu befriedigen. Doch ich will das Leben des großen Königs Someschwar dadurch ehren, daß ich dich bis an dein Ende deiner Schande und Niederlage überlasse." Dann hieb er ihm mit der Klinge über die Wange und band ihn mit gefesselten Händen an den Schwanz seines Pferdes. So schickte er den Tschalukja-König Bhim in seine Hauptstadt zurück. Dieser Schimpf war für Bhim zuviel, so daß er bald darauf verstarb. So war Someschwar gerächt.

Sultan Schihabuddin Ghori konnte die Rache nicht unterdrücken, die noch immer in seinem Herzen gegen den erfolgreichen König Prithwiradsch wühlte. Er scheute in seinem Haß weder Verrat noch Ränke noch andere Niederträchtigkeiten. Als Prithwiradsch einmal mit einem kleinen Gefolge und seinem Freund Tschand zur Jagd in seinen Grenzwäldern weilte, schickte der Sultan seine Späher aus, damit sie ihm alles über den König berichteten.

Nachdem Sultan Schihabuddin alles Wissenswerte erfahren hatte, dingte er so viele Söldner, daß ihre Anzahl Prithwiradschs Gefolge weit übertraf, und umzingelte dann den Wald. Dieses gelang ihm auch, denn die Jagdgesellschaft ahnte nichts Böses. Sodann schickte der Sultan einen Boten mit folgendem Brief an Prithwiradsch: „Jämmerlichster aller Könige! Niemals habe ich anerkannt, daß dir das Reich gehört, das dir dein Großvater Anangpal schenkte. Ich betrat von neuem deinen Boden, von dem du glaubst, er gehöre dir. Aber diesmal habe ich eine große Übermacht mitgebracht, und wir haben euch umzingelt. Nicht einmal die Flucht kann dich retten. Schon jetzt bist du mein Gefangener, und so behandele ich dich. Zwischen uns gibt es keine Versöhnung."

Prithwiradsch las dieses hoffärtige Schreiben laut vor, und dann sprach er: „Es mag kommen, was da wolle, aber ohne Kampf ergeben wir uns nicht. Es geschah noch nie, daß ein Radschput dem Kampf ausgewichen wäre! Dieses Land gehört mir, und solange auch nur ein einziger von uns atmet, werden wir es verteidigen. Greift zu den Waffen!"

Um das Häuflein Radschputer begannen sich die afghanischen Abteilungen zusammenzuziehen. Am Rande des dichten Dschungels erschien der hochmütige Sultan Schihabuddin auf einem prächtigen weißen Hengst, er hielt den Säbelgriff umschlossen, dann gab er seinen Söldnern ein Zeichen, anzuhalten. Er betrachtete Prithwiradsch höhnisch und brach, des Sieges gewiß, in hämisches Gelächter aus. Da spannte der junge König die Sehne seines Bogens, und dann schnellten fünf Pfeile auf einmal vor. Der erste traf das Kettenhemd des Sultans genau an der

Stelle, wo sein Herz schlug, der zweite durchbohrte seinen Schimmel, der dritte schlug ihm den reichverzierten Säbel aus der Hand, und der vierte und fünfte töteten die beiden Leibwächter des Sultans, die ihm am nächsten standen. Und nun ließ Prithwiradsch ein triumphierendes Lachen erschallen. Da begann Sultan Schihabuddin, der unter dem Kettenhemd nur leicht verletzt war, zu rasen und brüllte: „Vorwärts! Zum Kampfe!"

Nun warfen sich die Afghanen auf Prithwiradsch und sein Gefolge. Da flüsterte der Dichter Tschand seinen Zauberspruch, und gleich standen die zweiundfünfzig wilden Recken vor ihm und riefen: „Was befiehlst du, Herr?"

„Uns bedroht eine Übermacht, helft uns!" sagte Tschand.

Die Radschputer wehrten sich zwar mit Säbeln und Schwertern gegen die vielen Afghanen und kämpften wie die Löwen, doch die zweiundfünfzig Recken waren eine willkommene Hilfe: Jeder einzelne besaß zweiundfünfzig Arme, und in jeder Hand hielt er eine andere Waffe — Schwert, Säbel, Lanze, Speer, Spieß, Keule oder Beil. Als Schihabuddin diese furchtbaren Recken erblickte, wendete er sein Pferd zur Flucht und galoppierte davon bis zur afghanischen Grenze. Er rettete als einziger sein Leben.

Die Jahre vergingen, und der alte König Widschajpal von Kannaudsch war zu seinen Vätern heimgegangen. Den Thron hatte sein Sohn Dschajtschand bestiegen, und dieser blickte nun, obwohl sie Vettern waren, mit scheelen Augen auf Prithwiradschs blühendes Reich. „Wenn ich an meinen Vetter denke, empfinde ich Groll und Bitterkeit", sagte er eines Tages zu seinem Ratgeber. „Seine Macht wächst ständig, und wir sollten dem Einhalt gebieten."

„Du hast sicher recht, mein König", erwiderte der Ratgeber. „Doch ein Kriegszug verläuft nicht immer erfolgreich und kann zu Unruhen im Reich führen. Wenn dein Entschluß, Prithwiradsch zu überfallen, wirklich unabänderlich ist, dann wäre es gut, wenn du vorher deine Tochter Sanjogita vermähltest; erst wenn ihre Zukunft gesichert ist, kannst du in den Kampf ziehen."

„Gut rätst du mir", entgegnete Dschajtschand, und er ließ seine Tochter rufen und sagte zu ihr: „Es ist Zeit, daß ich dich vermähle. Nach indischem Brauch werde ich alle geeigneten Freier einladen, damit du deinen künftigen Gemahl unter ihnen auswählen kannst. Aber überlege gut, wen du dir erwählst."

Da antwortete Sanjogita ihrem Vater: „Es ist müßig, so viele Könige und Prinzen einzuladen, denn ich habe bereits gewählt: König Prithwiradsch aus der Dynastie Tschauhan soll mein Gatte werden."

Als Dschajtschand diese Worte vernahm, wurde er ärgerlich und schalt seine Tochter. Doch Sanjogita beharrte auf ihrer Wahl: „Sicher wirst du nicht wünschen, Vater, daß mich irgendeiner deiner unbedeutenden Untertanen heimführt, der dir Tribut zahlen muß. Die Gattenwahl ist nach altem Brauch eine völlig freie Wahl, und du darfst mich dabei weder nötigen noch zu überreden versuchen."

Dschajtschand schrie: „Und doch wird es nach meinem Willen gehen! Du tust, was ich dir befehle!"

„In dieser Sache niemals, Vater", antwortete Sanjogita fest. „Ich gehorche dir sonst in allem, aber bei der Gattenwahl nicht. Lieber will ich tot sein als zu dulden, daß eine deiner Kreaturen mich heimführt. Ich bin eine Königstochter, und mein Gemahl wird nur der König meines Herzens. Entweder Prithwiradsch — oder niemand!"

Da merkte Dschajtschand, daß er rasch, entschieden und unnachgiebig handeln müsse. Er sperrte die unfolgsame Tochter mit ihrer alten Amme in seine Festung am Ganges ein und verschickte sogleich an alle Nachbarherrscher Einladungen, sich an dem großen Fest zu beteiligen, auf dem die Prinzessin Sanjogita ihren Gemahl wählen werde. Immer noch hoffte er, den Starrsinn der Tochter zu brechen. Prithwiradsch lud er nicht ein.

Die gefangene Sanjogita überlegte inzwischen, was sie tun solle. Sie liebte Prithwiradsch sehr und wollte keinen anderen zum Mann haben. So ging sie einmal durch den Garten der Festung, der von hohen Mauern umgeben war. Beim Anblick des Teiches, auf dem viele Wasservögel schwammen, dachte sie: „Ach, wenn ich doch Flügel hätte! Ich flöge nach Delhi, und Prithwiradsch würde mich sicher aufnehmen."

Und da hatte sie eine Idee...

Auf dem Weiher schwamm auch ein schneeweißer Schwan, und zu dem sprach sie: „Mein liebster Schwan, würdest du etwas Gutes für mich tun?" Der Schwan schwamm näher heran und antwortete: „Aber gern, Prinzessin; was forderst du von mir?"

Da bat Sanjogita: „Fliege, mein Schwan, denn dir sind Mauern und Wächter kein Hindernis, fliege nach Delhi und sage König Prithwiradsch, daß mein Vater Dschajtschand mich hier in dieser Festung gefangen hält und eine Feier vorbereitet, auf der ich mir einen Gemahl unter seinen untertänigen Königen wählen soll. Ich will aber niemand anderen als ihn, Prithwiradsch Tschauhan. Er möge nicht säumen und zu meiner Rettung herbeieilen, denn sonst werde ich mein junges Leben beenden."

„Gern werde ich deine Botschaft ausrichten", erwiderte der Schwan, erhob sich in die Lüfte und verschwand in der Ferne.

König Prithwiradsch saß gerade in seinem Garten unter einem blühenden Strauch und schlug die Laute, als sich ein schneeweißer Schwan vor ihm niederließ und ihn mit menschlicher Stimme anredete: „Sei gegrüßt, o König! Die schöne Prinzessin Sanjogita schickt mich zu dir. Ihr Vater Dschajtschand hält sie in seiner



*In Koregaon*

Festung am Ufer des Ganges gefangen und will sie gegen ihren Willen vermählen. Sie liebt aber nur dich, denn du bist der Tiger unter den Königen und der Löwe unter den Männern. Durch mich läßt die Prinzessin dich bitten, ihr zu helfen, und die Absichten Dschajtschands, ihres Vaters, zunichte zu machen."

„Das ist sicher eine Fügung des Schicksals", dachte Prithwiradsch. Er dankte dem Schwan und entließ ihn mit dem Bescheid an Sanjogita, sie möge sich auf ihn verlassen. Auch er liebe die Prinzessin von Kannaudsch schon lange, doch habe er es bisher nie gewagt, um ihre Hand anzuhalten; denn er wisse, daß ihr Vater ihm nicht sehr gewogen sei. Nun ließ er gleich seinen Freund Tschand rufen, und als er ihm alles berichtet hatte, fragte er: „Tschand, mein lieber Freund, was rätst du mir soll ich tun, damit alles gut wird und wir die Absichten des Vaters durchkreuzen?"

Tschand überlegte ein Weilchen, und dann erwiderte er: „König Dschajtschand handelt nicht richtig. Er ist zu seiner Tochter zu streng, und außerdem hat er zu ihrer Gattenwahl nur diejenigen eingeladen, die ihm selbst genehm sind. Wir werden seine Pläne durchkreuzen, doch offen und ehrenvoll. Tue folgendes, mein König: Befiehl deinen Spähern, Tag und Stunde zu erkunden, an denen die Wahl stattfinden soll. Wir werden auch dort sein, zwar unangemeldet, doch das macht nichts, denn du hast ja das Recht, deinen Vetter jederzeit zu besuchen. So verstoßen wir auch nicht gegen die Anstandsregeln. Und wenn dich die Prinzessin Sanjogita wirklich liebt, dann erwählt sie dich, und dagegen kann dann niemand etwas einwenden, auch ihr eigener Vater nicht."

Prithwiradsch befolgte diesen klugen Rat, und Dschajtschand ahnte nicht, was sich zusammenbraute.

In Kannaudsch fanden inzwischen große Vorbereitungen zu der prächtigen Feier statt. Die Stadt wurde mit Bannern, Wimpeln und Blumenkränzen geschmückt, und kostbare Stoffe sowie Teppiche aus Kaschmir und Persien gaben den Häusern und Straßen ein festliches Gepräge.

Dann trafen die geladenen Gäste in Kannaudsch ein: Könige, Fürsten und Prinzen. Es kam aber auch allerlei Volk in die Stadt, Krämer, Gaukler, Schlangenbeschwörer, Jongleure und Seiltänzer, Musikanten, Tänzer und Tänzerinnen, Schauspielerinnen und Schauspieler. Selbst Taschendiebe, Betrüger und Langfinger fehlten nicht.

Am Tag vor der feierlichen Gattenwahl schickte Dschajtschand eine prächtige Sänfte zu Sanjogita. Sie wurde von acht schnellen Läufern getragen und von der königlichen Garde begleitet.

Er war fest davon überzeugt, daß alles nach seinen Wünschen verlaufen würde.

Auch Prithwiradsch und Tschand waren in Kannaudsch eingetroffen. Sie hatten, wie zwei Reisende, in einer kleinen Herberge Unterkunft genommen, damit sie unerkannt blieben. Prinzessin Sanjogita kannte Prithwiradschs Pläne nicht, aber sie vertraute dem König von Delhi und hoffte auf ihr Glück.

Als die Stunde da war, die die Sterndeuter nach Sanjogitas Horoskop errechnet hatten, versammelten sich alle Könige und Herrscher im Thronsaal um Dschajtschand und seinen Hofstaat. Dann befahl der König, Sanjogita und ihr Gefolge hereinzuführen. Ein erwartungsvolles Raunen ging durch die Menge, denn jeder hoffte, daß die Prinzessin ihn zu ihrem Gatten wählen würde, denn alle sahen, daß Prithwiradsch nicht anwesend, und einige wußten sogar, daß er nicht einmal geladen war. Überdies war Dschajtschand so boshaft gewesen — er wollte seine Tochter für ihren Stolz und Ungehorsam bestrafen — daß er eine Tonfigur von König Prithwiradsch anfertigen ließ, die er befahl, in Dienerkleider zu stecken und als Türhüter an den Eingang des Thronsaals zu stellen. Das war eine schändliche Beleidigung.

Nun betraten die Mädchen, mit Sanjogita in ihrer Mitte, den Saal. Das Raunen verstummte, und alle Könige, Fürsten und Prinzen neigten sich tief und riefen ihr ehrerbietige Grußworte zu. Doch Sanjogita war verstört und ihre Blicke irrten umher, denn sie suchte Prithwiradsch. Als sie die schändliche Figur an der Tür entdeckte, füllten sich ihre Augen mit Tränen. Doch dann faßte sie sich und war fest entschlossen, den Entscheidungen ihres Vaters nicht nachzugeben.

So nahm sie aus den Händen des Opferpriesters den herrlichen Kranz, den sie ihrem Erwählten umlegen sollte, und schritt mit stolz erhobenem Haupt auf die Figur am Eingang zu und hängte ihr den Kranz um. Alle waren vor Staunen sprachlos. Dschajtschand war gerade wütend aufgesprungen, als die Tür des Saales aufging und Prithwiradsch, in Begleitung seines treuen Tschand, erschien.

„Sei gegrüßt, mein königlicher Vetter", sprach er zu Dschajtschand. „Und auch ihr, Könige, Fürsten und Prinzen, seid gegrüßt. Vor allem aber sei du gegrüßt, liebe Prinzessin Sanjogita, meine zukünftige Gattin!"

Dschajtschand rief: „Was tust du hier? Wie kommst du hier herein?"

„Ihr habt alle gesehen", entgegnete Prithwiradsch, „daß Sanjogita mich zum Gatten gewählt hat, obwohl ich nicht eingeladen wurde."

„Das gilt nicht", zischte Dschajtschand, wobei ihm fast die Stimme versagte.

„Erinnere dich, König, was in den Gesetzen geschrieben steht", warf Tschand mit fester Stimme ein, „falls du noch nicht vergessen hast, was man dich in der Jugend lehrte."

„Ergreift sie, rettet meine Tochter!" schrie Dschajtschand und zog den Säbel. Und alle stürzten sich auf die beiden. Doch Prithwiradsch, Sanjogita und Tschand wandten sich rasch rückwärts, warfen die Türen hinter sich zu und flohen auf den Schloßhof, wo zwei flinke Rappen standen. Sie saßen auf und galoppierten zum Tor hinaus. Auf dem Hof erschien, mit dem Säbel in der Hand, gefolgt von den übrigen Herrschern, der wütende Dschajtschand und schrie: „Schließt die Tore! Laßt sie nicht entwischen!" Doch es war längst zu spät, die drei Flüchtlinge waren schon weit. Als Dschajtschand seine Machtlosigkeit erkannte, stieß er den Säbel bis zum Griff in die Erde, und dann befahl er, die Torwache auszupeitschen. Aber auch das brachte ihm seine Tochter nicht zurück. Die Gäste reisten überstürzt ab und überließen König Dschajtschand seinen finsteren Gedanken.

Auf der staubigen Straße nach Delhi jagten zwei schnellfüßige Rappen mit drei Reitern davon, deren Herzen vor Glück und Freude überquollen.

In Delhi vermählte sich König Prithwiradsch mit der lieblichen Prinzessin Sanjogita, und sein Reich bekam die schönste Königin weit und breit.

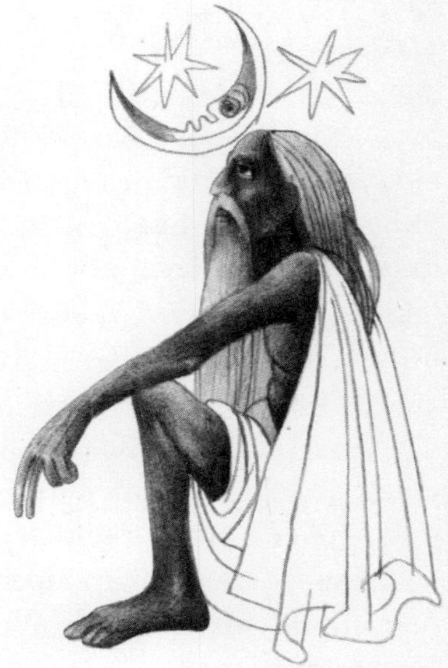

Als das Märchen zu Ende war, nahm der fahrende Sänger seine Iktar zur Hand und spielte, dazu sang er wieder seinen Vers:

„Ist auch das Märchen trügerisch,
ein Körnchen Wahrheit birgt's in sich.
Was ist Wahrheit, was ist Schein —
finden mußt du es allein."

Dschagannath begann sein nächstes Märchen.

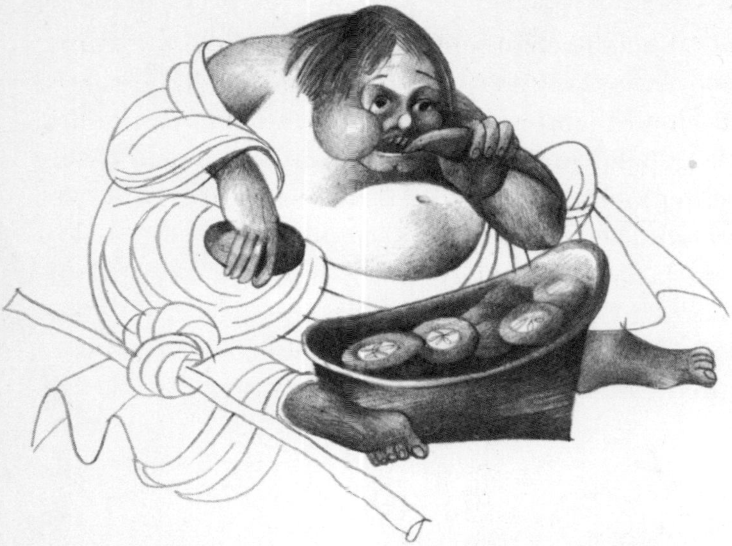

# Der Schüler Nimmersatt

In alten Zeiten wohnten die heiligen Männer und Weisen mit ihren Schülern in einsamen Waldklausen. Dort meditierten sie und sannen in der Stille über die Dinge der Welt nach. Sie unterrichteten ihre Schüler in der Philosophie, Astronomie und Astrologie, aber auch fremde Sprachen und viele andere Wissenschaften lehrten sie sie. Der Wald versorgte sie reichlich mit Früchten, aber es war auch üblich, daß die Schüler in die umliegenden Dörfer wanderten, um Nahrungsmittel zu erbitten.

In solch einer Klause lebte einst auch der Weise Wischwanath. Er hatte nur einen einzigen Schüler namens Tschunda. Dieser war ein unordentlicher, fauler und ungehorsamer Schüler, der immer hungrig war.

Eines Tages sprach der Weise Wischwanath zu ihm: „Heute bist du besonders unaufmerksam und zerstreut, Tschunda! Geh lieber ins Dorf und erbitte dort ein wenig Speise." Tschunda nahm einen kleinen Korb und machte sich auf den Weg. Im Dorf ging er von Haus zu Haus, und überall erhielt er einen Kuchen oder auch zwei. Als der Korb voll war, entschloß er sich, umzukehren. Gleich hinter dem Dorf jedoch setzte er sich unter einen dicht belaubten Feigenbaum, um die Kuchen zu zählen, die er bekommen hatte.

Es waren zweiunddreißig, einer immer duftender als der andere. Tschunda lief das Wasser im Mund zusammen, und er überlegte: „Magister Wischwanath ist gut und gerecht. Wenn ich zurückkehre, gibt er mir sicher die Hälfte der

Kuchen, das sind sechzehn. Warum also sollte ich die Kuchen nicht gleich hier essen, wenn ich doch einen so großen Appetit auf sie habe?" Und schon aß er mit großem Genuß sechzehn Kuchen auf.

Dann nahm er den Korb und schlenderte langsam dem Wald zu. Ständig dachte er an die vorzüglichen Kuchen und überlegte weiter: „Wenn ich sechzehn Kuchen in die Klause bringe, so gibt mir Magister Wischwanath bestimmt acht davon. Dessen bin ich ganz gewiß, so gewiß, wie ich einen riesengroßen Appetit auf sie habe!" Und er aß noch acht Kuchen.

Da seine Erwägungen über die vorzüglichen Kuchen und die Freundlichkeit des Magisters Wischwanath, der immer alles gerecht mit ihm teilte, auch dann noch nicht aufhörten, aß Tschunda noch vier Kuchen und ein Weilchen später zwei weitere und dann noch einen, so daß im Korb nur noch ein einziger Kuchen lag.

„Magister Wischwanath wird sicher gerecht mit mir teilen", sagte sich Tschunda da im stillen, „und mir von diesem Kuchen die Hälfte geben. Also werde ich meine Hälfte gleich essen." Und er aß sie.

Als er mit einem einzigen halben Kuchen im Korb die Klause betrat, rief Wischwanath verwundert: „Da haben sie dir im ganzen Dorf nur einen halben Kuchen gegeben?"

Tschunda wollte nicht lügen und sagte dem Weisen die Wahrheit, wie er alle Kuchen nach und nach aufgegessen habe.

Magister Wischwanath war anfangs nur erstaunt. Dann aber rief er zornig: „Du Nimmersatt! Wie konntest du nur so viele Kuchen essen?"

„So", sprach Tschunda ruhig, griff nach dem restlichen halben Kuchen, und im Nu hatte er auch diesen verschlungen.

Der fahrende Sänger hatte zu Ende erzählt, und alle liefen lachend auseinander. Dann ging Dschagannath, der Sänger, mit seinem Freund Dschagannath, dem Bauern, nach Hause. Dessen Frau hatte schon Tee gebrüht, und erst, als sie ihn ausgetrunken und noch ausgiebig miteinander geplaudert hatten, legten sie sich zur Ruhe nieder.

Als sie am Morgen aufgestanden und an der Quelle gebadet hatten, aßen sie Fladen und tranken Tee und Büffelmilch. Danach nahmen sie Abschied voneinander, und der fahrende Sänger zog weiter in das Dorf Kadas.

Wie überall, begrüßten ihn auch hier die Einwohner mit großer Freude und bewirteten ihn mit dem, was ihre Armut ihnen möglich machte. Dann versammelten sich alle vor dem Tempel des Affengottes Hanuman, und Dschagannath begann zu erzählen.

# Prinz Dhola und Prinzessin Maru

In Pugal herrschte König Pingal und in Narwar König Nal. Niemals zuvor hatten sie einander gesehen, doch plötzlich führte das Schicksal sie zusammen. In Pugal brach nämlich eine schreckliche Seuche, die Pest, aus, und auf der Flucht vor ihr suchte König Pingal mit seiner Familie Zuflucht bei König Nal in Narwar. König Nal empfing ihn mit allen Ehren, wie es unter Herrschern üblich ist, und stellte ihm nicht nur einen Palast, sondern auch Pferde, Diener und alles zur Verfügung, was einem so hochgestellten Gast gebührt.

König Nal hatte einen Sohn namens Dhola; es war ein wohlgestalteter Jüngling mit artigem Betragen. Und die Tochter des Königs Pingal, Maru, konnte nicht lieblicher sein. Als nun die Königin von Pugal Dhola und Maru im königlichen Garten von Narwar miteinander plaudern sah, meinte sie zu ihrem Gemahl: „Diese beiden sind füreinander geschaffen, sie müssen ein Paar werden!"

„Ach schweig", erwiderte König Pingal. „An solche Dinge können wir jetzt keinen Gedanken verschwenden. Du weißt doch wohl, in welcher Lage wir uns befinden. Wenn wir unsere Tochter in aller Eile vermählen würden, könnte man uns auslachen."

„Was redest du", erwiderte die Königin. „Kann der Kuckuck ohne den Mangobaum leben oder der Frosch ohne Teich? Zögere nicht mit der Vermählung, mein königlicher Gatte, denn das wäre ein unverzeihlicher Fehler."

Und König Pingal, der seine Frau kannte, winkte nur noch mit der Hand ab und sagte dann: „Tu wie du glaubst, daß es richtig ist."

„Es ist also eine beschlossene Sache", dachte die Königin von Pugal und verließ ihren Gemahl, um ihre Pläne in die Tat umzusetzen. Und da sie sehr wohl wußte, wie das angefangen werden müßte, fand alsbald eine prächtige Hochzeitsfeier statt, bei der Prinz Dhola und Prinzessin Maru vermählt wurden. Alle waren glücklich und fröhlich, und die Lustbarkeiten wollten kein Ende nehmen.

Als die Pest in Pugal beendet war, kehrte König Pingal mit seiner Familie nach Hause zurück. Weil die Prinzessin Maru noch sehr jung war, blieb sie nicht bei ihrem Gemahl, sondern reiste mit den Eltern in das heimatliche Pugal. Dhola fühlte sich einsam und war voller Sehnsucht nach seiner weit entfernten jungen Gemahlin.

Maru war eine wunderschöne Prinzessin. Sie war schlank wie eine Gazelle, und ihr Gesicht strahlte wie der sanfte Mondschein; die Augen leuchteten wie Sterne und ihre Stimme klang lieblich wie der Gesang der Laute. Oft saß sie am Fenster, den Kopf in die Hände gestützt, und ihre Gedanken weilten bei Dhola in weiter Ferne. Es ballten sich dunkle Wolken zusammen, denn die Regenzeit stand bevor. Auch fernes Donnergrollen war schon zu hören. Maru traten Tränen in die Augen.

„Warum bist du heute so betrübt?" fragten sie ihre Gespielinnen teilnehmend.

„Mein Gemahl blieb im fernen Narwar, und ich bin hier", klagte Maru. „Ich kann an nichts anderes mehr denken, ich sehe nur noch ihn." Und sie begann bitterlich zu weinen. Ihre Gespielinnen wußten nicht, wie sie ihr in ihrem Leid helfen sollten, und eilten schnell zur Königin, um ihr von dem traurigen Zustand der Prinzessin zu berichten.

Gleich am nächsten Morgen suchte die Königin ihren Gemahl auf und sprach

92) *In Kadas*

zu ihm: „Höre, mein königlicher Gatte, was ich dir sagen muß. Unsere Tochter Maru leidet unter der Trennung von ihrem Gemahl. Sie ist sehr unglücklich und kann nicht aufhören zu weinen. Wie können wir ihr helfen?"

„Ich werde einen Boten nach Narwar senden", erwiderte König Pingal, ohne lange zu überlegen, „und werde Dhola bitten, zu kommen und seine Frau zu holen. Ja, so werde ich es tun." Und wirklich sandte er noch am selben Tag einen Boten nach Narwar. Doch Dhola kam nicht und ließ auch nichts von sich hören. Da schickte König Pingal noch weitere Boten zu Dhola; aber alles war vergebens — nichts geschah, von Dhola kam keine Nachricht, und niemand wußte, warum er schwieg. Und Prinzessin Maru wurde von Tag zu Tag trauriger.

Eines Tages kam ein Händler nach Pugal, der herrliche arabische, persische und türkische Pferde, aber auch einheimische und afghanische Ponnies zum Verkauf anbot. König Pingal rief ihn zu sich in den Palast und wählte einige besonders schöne Tiere für seinen Marstall aus. Dann beschenkte er den Kaufmann reich und unterhielt sich mit ihm über die Länder, durch die er gereist war. Zufällig erblickte der Kaufmann die Prinzessin Maru, die bleich war wie der abnehmende Herbstmond, doch lieblich und schön wie nie zuvor. Er war von ihrer Erscheinung so beeindruckt, daß er einen königlichen Reitknecht fragte: „Wie heißt die schöne Prinzessin, die ich gesehen habe, als ich mit dem König sprach?"

„Das ist die einzige Tochter unseres Königs, Maru", antwortete dieser. „In jungen Jahren wurde sie mit Dhola, dem Prinzen von Narwar, vermählt. Doch jetzt ist sie sehr traurig, denn er kommt nicht, sie zu holen, obwohl König Pingal ihm schon viele Botschaften gesandt hat."

Der Kaufmann bat um eine neue Audienz beim König, und als ihm diese gewährt wurde und der König ihn nach seinem Begehr fragte, sagte er: „Mein König, ich war unlängst in Narwar und glaube dir sagen zu können, warum Prinz Dhola auf deine Briefe nicht geantwortet hat."

„So sprich, Kaufmann", forderte der König.

„Ich habe dort viele Pferde verkauft", erzählte der Händler, „und weilte einige Tage am Hof von Narwar. Mir ist bekannt, daß Prinz Dhola sich mit der Königstochter von Malwa, Malwani, vermählt hat, und daß diese sehr eifersüchtig ist. Sicher ist sie schuld, daß Dhola auf deine Botschaften nicht antwortet; denn sie hält alle Wege, die nach Narwar führen, mit ihren Leuten besetzt, und kein einziger Brief gelangt zum König und auch nicht zu Dhola. Ich habe den Prinzen während meines Aufenthaltes kennengelernt und bemerkt, daß er ein edler und gerechter junger Mann ist."

Da sprach König Pingal zum Kaufmann: „Durch deine Worte ist mir vieles klar geworden, Kaufmann. Nimm diesen Ring als Zeichen meiner Dankbarkeit entgegen, und wisse, wann immer du mein Königreich, meine Hauptstadt oder meinen Palast besuchen willst, wirst du willkommen sein." Der Kaufmann dankte dem König, verneigte sich tief und entfernte sich. Dann ließ der König einen Opferpriester kommen und befahl ihm: „Geh hin, heiliger Mann, und führe Dhola, den Prinzen von Narwar, hierher." Der Opferpriester faltete darauf die Hände vor der Stirn, verneigte sich tief und entfernte sich.

Nun begann die Königin zu sprechen: „Mein königlicher Gemahl, wenn Malwani wirklich so listig ist, wie sie der Kaufmann schilderte, dann kann ein Priester gar nichts ausrichten. Sende deshalb fahrende Spielleute nach Narwar. Sie verstehen es besser, mit ihren Liedern die Sehnsucht nach der entfernten Gemahlin zu wecken, als ein Priester!"

Da befahl der König, ihm alle fahrenden Musikanten und Sänger seines Landes vorzuführen. Als alle gekommen waren, verfügte er, Gulden unter sie zu verteilen, und sprach dann zu ihnen: „Ich will, daß ihr sogleich nach Narwar zieht und den Prinzen Dhola nach Pugal bringt. Wie ihr das macht, überlasse ich euch. Aber wenn ihr erfolgreich seid, wird meine Dankbarkeit groß sein."

Als die fahrenden Sänger den König verlassen hatten, rief Maru sie zu sich und fragte sie freudig bewegt und voller Hoffnung: „Wann wollt ihr auf diese lange und beschwerliche Reise gehen?"

Die Musikanten antworteten: „Wir verlassen Pugal noch heute abend. Wenn wir am Leben bleiben, kehren wir bald zurück."

„Das Land Narwar ist sehr schön", erzählte ihnen die Prinzessin. „Wenn ihr dorthin gelangt, dann sagt Dhola, meinem geliebten Gatten, was ich euch jetzt auftragen werde: Durch eine bloße Botschaft kann — ist der Bote geschickt — ein glühender Wunsch erfüllt werden. Durch eine bloße Botschaft läßt sich der Gemahl aus dem weitentfernten Narwar herbeirufen. Sagt Dhola, ihr Sänger, daß seine ihm vor vielen Jahren beim Schein des heiligen Feuers angetraute Gemahlin sehnsüchtig darauf brennt, ihn nach so langer Zeit wiederzusehen. Und sagt ihm, ihr Sänger, noch dieses: Das Herz seiner Gemahlin weilt nicht mehr in ihrem Körper, es irrt schon lange in seiner Nähe umher. Er möge es ihr zurückbringen, wie der Treiber den verirrten Elefanten."

Die Sänger prägten sich die Botschaft der Prinzessin gut ein und machten sich dann auf den Weg. Glücklich durchquerten sie die Wüste und überschritten die Berge, doch kaum hatten sie die Grenze von Narwar ein paar Meilen hinter sich gelassen, da wurden sie von bewaffneten Männern angehalten. Das waren die Leute der Prinzessin Malwani. Sie fragten die fahrenden Sänger drohend: „Wer seid ihr, und wohin wollt ihr? Tragt ihr irgendwelche geheimen Briefe bei euch, oder sollt ihr sonst jemand etwas ausrichten? Sprecht, oder es soll euch schlecht ergehen!"

„Wir sind armes Volk, wandern und singen, um unseren Lebensunterhalt zu verdienen“, antworteten die Sänger. „Briefe haben wir nicht bei uns, ihr könnt euch überzeugen; und wer sollte uns wohl eine Botschaft anvertrauen?“

„So zieht denn weiter“, erwiderte der Anführer der Bewaffneten und ließ sie passieren. Sie freuten sich und setzten ihre Reise schnell fort. Bald erreichten sie die Hauptstadt von Narwar und schlugen ihre Zelte vor dem königlichen Palast, direkt unter Prinz Dholas Fenstern, auf. Als es Abend wurde und der Tageslärm verstummte, begannen sie zu singen:

„Narwar und Pugal,
getrennt durch viele Meilen, sind doch verbunden!
In Pugal wartet Maru,
getrennt durch viele Meilen, auf Dhola, ihren Prinzen.
Vergaß der Prinz sein Wort?“

Sie sangen diese Lieder die ganze Nacht hindurch. Dhola hörte sie und erhob sich morgens wie im Fieber. Gleich nach Sonnenaufgang trat er vor den Palast, ging zu den Sängern und sprach sie an: „Woher seid ihr gekommen, und was bedeutet euer Gesang?“

„Wir kommen aus Pugal“, antworteten sie ihm. „Und es war König Pingal und seine Tochter Maru, die uns zu dir schickten, Prinz Dhola. Maru, lieblich wie eine Fee, ist seit den Tagen eurer Kindheit deine Gemahlin; doch du hast sie vergessen. König Pingal schickte dir schon viele Briefe, aber auf Antwort wartete er vergeblich.“

„Ich habe nicht einen Brief von König Pingal erhalten!“ rief Dhola aus. „Keiner seiner Boten hat mich erreicht!“

„Höre die Botschaft, die dir die Prinzessin Maru schickt“, sagten da die Sänger. Und sie richteten Dhola aus, was ihnen die Prinzessin aufgetragen hatte.

„Ach, wenn mein Herz doch ein Falke wäre! Wenn meine Seele Flügel hätte!“ dachte Dhola, den plötzlich große Sehnsucht nach seiner vergessenen Gemahlin ergriff. Er beschenkte die fahrenden Sänger mit Gold und Edelsteinen und kehrte mit dem festen Entschluß in seinen Palast zurück, sich gleich auf die Reise ins Königreich Pugal zu machen.

Malwani bemerkte sofort, daß ihm etwas Außergewöhnliches begegnet sein mußte. „Mein Gemahl ist ganz anders als gestern“, dachte sie bei sich. „Was ist da wohl geschehen? Ich muß es herausfinden!“ Sie ging zu ihm und fragte ihn schmeichlerisch: „Mein Herr und Gemahl, du sprichst nicht zu mir und lächelst mir nicht zu. Zürnest du mir? Drücken dich Sorgen? Schenke mir dein Vertrauen, vielleicht kann ich dir raten?“

„Ich will mich auf eine Reise begeben“, entgegnete der Prinz vorsichtig.

„Wohin willst du denn reisen?“ fragte ihn seine Frau.

„So höre mich an“, antwortete Prinz Dhola, „ich werde dir die Wahrheit sagen. Ich sehne mich nach Maru, meiner ersten Gemahlin." Da begann Malwani zu weinen und klagen.

„Bleibe bei mir und geh nicht fort!" bat ihn Malwani. „Du darfst mich nicht verlassen!"

„Ich will reisen, und ich werde reisen", entgegnete jedoch Dhola fest.

„Wenn du durch deinen Fortgang schon einen Dolch in mein Herz stoßen willst", sprach da Malwani, „dann fahre wenigstens erst, wenn ich schon schlafe, damit ich nicht sehen muß, wie du mich verläßt!"

„Das will ich dir gern versprechen", antwortete Dhola und rief dann dem Stallmeister zu: „Bereite mir das beste und schnellste Kamel vor!"

Der Stallmeister führte ein stattliches Kamel herbei, einen König unter den Kamelen, das mit Betelblättern gefüttert und mit dem Wasser des Ganges getränkt war. Dhola betrachtete es und überlegte: „Ist dies auch das rechte Kamel, dem ich die Zügel anlegen und die Schellen umhängen kann?"

Da sprach das Kamel zu ihm: „Ja, mein Prinz, das bin ich! Lege mir ohne Bedenken die Zügel an und hänge mir die Schellen um. Ich bin das Kamel, das du brauchst. Und wenn ich dich nicht in einem Tag und einer Nacht nach Pugal trage, dann hat mich keine Kamelstute geboren!"

„Ausgezeichnet", sagte Dhola und ging, um seine lange Reise vorzubereiten. Doch er konnte Narwar noch nicht verlassen, denn er hatte Malwani versprochen, erst dann zu reiten, wenn sie schlafen würde. Die Prinzessin aber wachte und wachte und tat vierzehn Tage und Nächte kein Auge zu. Erst als sie ganz

geschwächt war, fiel sie in einen tiefen Schlaf. Da befahl Dhola, schnell das Kamel vorzuführen und zu satteln. Die Schellen an seinem Zaumzeug befestigte er selbst. Dann trieb er das Kamel ungeduldig an. Nach Pugal! Nach Pugal!

Die schlafende Malwani hörte das Schnauben des Kamels und erwachte. Ängstlich stürzte sie zum Fenster, doch sie sah nur noch, wie Dhola aus dem Tore ritt. Da lief sie schreiend und weinend auf den Hof hinaus. Dort warf sie sich auf die Erde und krallte ihre Finger in den Sand: „Nur seine Spuren sind noch nicht verweht, das ist alles, was mir von ihm blieb! Mein Glück, mein Reichtum, meine Jugend — alles ist dahin und verloren! Ach, heute hat mich mein Geliebter grausam verlassen."

Während Malwani so klagte, ritt Dhola fröhlichen Herzens nach Pugal. Als er das Adakawarau-Gebirge überquert hatte, sprang er von seinem Kamel, führte es zu einem kleinen See und sprach zu ihm: „Hier trinke dich satt, denn nun kommt nur noch trockene Wüste. Das Wasser des Sees ist erfrischend, aber fressen mußt du von den dornigen Sträuchern. Wo könnte ich hier Betelblätter auftreiben, die du sonst so gerne frißt?"

Während Dhola dies zu dem Kamel sagte, kam von Pugal ein Gaukler des Weges.

Der sprach Dhola an: „Du hast es gut, deine Reise geht im bequemen Sattel gut voran. Ich dagegen muß durch die Wüste laufen, muß den Wassersack und die Fladen auf dem eignen Buckel tragen."

Dhola achtete seiner Rede nicht. Der Gaukler fuhr aber fort: „Ich sehe, du willst nach Pugal, das ist eine schöne Stadt! Aber ich hab ihr eilig die Fersen gezeigt, denn sonst hätte ich das königliche Gefängnis kennengelernt!"

Da wurde Dhola neugierig: „Was ist dir denn in Pugal zugestoßen?"

„Das erfährt niemand, auch du nicht", antwortete der Narr, „soll Gott mich strafen! Wenn die alte häßliche Prinzessin nicht ein Wort bei dem König für mich eingelegt hätte, wäre ich nicht mehr am Leben."

„Von welcher Prinzessin sprichst du?" schrie Prinz Dhola auf.

„Ich spreche von Prinzessin Maru. Sie soll mit einem Prinzen", und er winkte mit der Hand in die Richtung, wo Narwar lag, „verheiratet sein, aber der hat sie lange vergessen. Aus Trauer darüber ist sie früh alt geworden."

Dhola glaubte nicht richtig zu hören.

„Ich muß weiter. Zu Fuß geht's nicht so schnell wie auf deinem Kamel, bei Schiwa!" sagte der Gaukler und ging weiter. Dhola blieb ratlos zurück.

„Nun, mein Kamel, was beginnen wir jetzt? Bis hierher sind wir geritten, und es scheint, daß alles umsonst war. Ich möchte am liebsten umkehren." Dann nahm er das Kamel am Zügel.

„Du solltest nichts übereilen, mein Prinz", sagte da das Kamel. „Was ist, wenn das alles gar nicht wahr ist? Wo hast du einen Beweis? Schau, dort kommt ein fahrender Sänger. Frage ihn. Sänger sind weitgereiste Menschen, und sie lügen nie.“

Dieser Rat gefiel Dhola sehr. Sogleich wandte er sich an den Sänger und sagte: „Ich bin Dhola, der Prinz von Narwar. Ich habe gehört, daß Prinzessin Maru gealtert und häßlich geworden sei. Sage mir aufrichtig, ob das wirklich wahr ist, denn ich will nicht umsonst nach Pugal reiten.“

Da sprach der fahrende Sänger: „Ich kenne dein Schicksal, und ich kenne auch die Prinzessin von Pugal. Du, mein Prinz, bist nur wenig älter als sie. Schau in den Spiegel, bist du alt geworden? Warum sollte sie gealtert sein? Ich sah sie erst vor kurzem und kann behaupten, sie war niemals schöner als jetzt.“

„Erzähle mir von ihr“, forderte ihn Dhola auf.

„Maru ist schlank wie ein Reh, und ihre Bewegungen sind fließend wie die Wellen des heiligen Ganges, sie ist weise, wie die Göttin Saraswati und so gutherzig, wie niemand auf der Welt. Ihre Stimme klingt süß wie der Gesang der Nachtigall. Ihre Augen gleichen dunklen Mandeln, und auf ihrer Stirn leuchtet ein wunderbarer Schmuck, wie ein Schmetterling auf einer Lotosblüte.“

Dhola fiel dem Sänger in die Rede und rief: „Und weiter, was noch, was noch?“

„Prinz“, erwiderte dieser lächelnd, „Maru hat soviel Liebreiz, wie Sterne am Himmel stehen, und du forderst, ich soll dir alles auf einmal schildern. Das kann ich nicht!“ Und er erzählte immer mehr von der Prinzessin von Pugal. Als er fertig war, schenkte ihm Dhola einige Gulden und verabschiedete sich von ihm. Dann setzte er seinen Weg ungeduldig fort.

Nach einiger Zeit sprach er zum Kamel: „Nach Pugal ist es noch immer recht weit! Erinnerst du dich deines Versprechens? Ich bezweifle, daß du es halten kannst. Wir haben kaum den halben Weg hinter uns.“

„Schlag mich nicht immer über den Rücken“, antwortete das Kamel. „Sporne mich nicht soviel mit deinen Füßen und laß die Zügel locker. Aber ziehe die Riemen fester an. Und wenn ich mein Versprechen, das ich dir in Narwar gab, nicht erfülle, dann hat mich keine Kamelstute geboren.“ Dhola gehorchte. Und dann trabten sie noch schneller voran.

Während sie so durch die Wüste eilten, fühlte Prinzessin Maru sich von einer eigenartigen Unruhe ergriffen. „Es geschieht etwas mit mir“, sprach sie zu ihren Gespielinnen. „Ich weiß nicht, was es ist, ich bebe; meine Lider und Hände, meine Lippen, alles bebt. Ich bin irgendwie fröhlich, ohne recht zu wissen, warum. Aber ich fühle, ja, ich fühle es: Mein Gemahl, den ich seit meiner Kindheit nicht mehr sah, nähert sich unserer Stadt! Nichts anderes kann es bedeuten!“

Dhola hatte die Hauptstadt Pugal inzwischen erreicht, denn das Kamel hatte

98)

*In Kadas*

sein Versprechen gehalten. Der Prinz meldete sich bei der Palastwache, und König Pingal eilte ihm entgegen und begrüßte ihn freundlich. Er führte ihn in seine Gemächer und befahl den Dienern, die Prinzessin zu rufen.

Maru jubelte überglücklich: „Mein Gefühl hat mich nicht getrogen! Mein Herr und Gemahl ist gekommen! All meine Sehnsucht hat sich an einem einzigen Tag erfüllt. Heute ist ein Tag der Liebe, der Fröhlichkeit und des Feierns! Überall begegnet mir nur Freude: Mein Spiegel lacht, die Säulen tanzen, mein Lager springt in die Höhe, und die Truhen hüpfen mit ihm; der Teppich schlägt Falten, die Lichter flackern lustig, und die Türen öffnen sich von selbst!"

Die Freundinnen bereiteten der Prinzessin ein duftendes Bad, salbten sie mit duftenden Salben, flochten ihre langen Haare zu einem Zopf und kleideten sie dann in herrliche Gewänder, die mit prachtvollen Stickereien geschmückt waren. Dann begleiteten sie sie in die Gemächer, die König Pingal für Dhola hatte herrichten lassen.

Als Dhola die Prinzessin erblickte, dachte er: „O, wie schön ist sie doch geworden! Ist es das Strahlen der Sonne, oder leuchtet ihr Lächeln so sehr?"

Dann begrüßten sie einander schüchtern. Dhola ergriff Marus Hand und sprach: „Komm, setze dich zu mir, meine liebreizende Gattin, viel haben wir einander zu erzählen..." Und sie nahmen beide auf dem niedrigen, mit weichen Teppichen und Fellen gepolsterten Lager Platz.

„Erzähle mir", fragte Dhola, „wie kommt es, daß du deine Jugend und Frische nach so langer Zeit der Trennung bewahrt hast? Warum bist du noch viel, viel schöner als damals, als ich dich zum letzten Male sah?"

„Das hat deine Ankunft bewirkt", erwiderte Maru. „Belebt sich doch ein ermatteter Frosch, der von der Trockenheit ganz ausgedörrt ist, wieder, kaum daß der Regen zur Erde niederstürzt."

Die Worte der Prinzessin erfüllten Dhola mit großer Freude. Er neigte sich zu ihr hinüber und küßte sie zärtlich. Maru umarmte ihn. Lange sehnten sie sich nacheinander, lange erstreckte sich zwischen ihnen eine beinahe endlose Wüste. Doch nun waren sie endlich wieder vereint.

Dhola weilte vierzehn Tage im Palast seines königlichen Schwiegervaters, und während der ganzen Zeit hallte die Hauptstadt von Gesang, Tanz und Musik wider, und die Feste und Vergnügungen wollten kein Ende nehmen.

Als das junge Paar die Reise nach Narwar antreten wollte, erhielt die Prinzessin von ihrem Vater eine reiche Mitgift: Goldenen Schmuck, Edelsteine und Elefanten, Pferde und viele Sklaven und Sklavinnen. Zu diesen gehörte auch ein blondes Mädchen, dessen Aufgabe es war, sich um die Kerzen und Lampen zu kümmern; sie mußte die Dochte beschneiden und Öl nachgießen, und wenn es dunkel wurde, mußte sie die Prinzessin begleiten. Da der König Nachrichten erhalten hatte, daß sich Räuber in der Gegend herumtreiben, gab er Dhola und Maru noch hundert Krieger mit, die sie auf der Reise beschützen sollten.

Dann brachen sie auf. Die große Karawane kam nicht so schnell voran wie Dhola, als er auf seinem Kamel allein nach Pugal eilte. Sie reisten schon den zweiten Tag und hatten noch nicht einmal den halben Weg hinter sich gebracht. Gegen Abend schlugen sie ein Lager an einem Platz auf, in dessen Nähe eine Quelle mit reinem, klarem Wasser entsprang. Dhola ließ ein Zelt für sich und Maru aufstellen, und alle legten sich dann zur Ruhe nieder. Nur die Wachen blieben munter und umschritten das Lager.

Tief in der Nacht, als Dhola und seine liebliche Gemahlin fest schliefen, schlich sich die böse Schlange Piwnau in ihr Zelt, ein geflecktes, drei Ellen langes Reptil. Sie näherte ihr breites Maul dem zarten Antlitz der Prinzessin und sog unersättlich Marus duftenden Atem ein. Ihren eigenen giftigen Atem aber blies sie der jungen Frau ins Gesicht. So blieb sie die ganze Nacht im Zelt, ohne daß es jemand bemerkt hätte, und verschwand erst im Morgengrauen.

Ein herrlicher Morgen stieg herauf, der Horizont erstrahlte, die Pferde begannen zu wiehern und die Kamele zu schnaufen. Dhola erwachte und küßte die blasse Stirn seiner Gemahlin. Sie war kalt wie Marmor! Vergebens weckte, vergebens rief er sie! Da kam die blonde Sklavin gelaufen, und kaum hatte sie einen Blick auf Maru geworfen, so floh sie entsetzt aus dem Zelt und schrie: „Wehe! Maru ist tot! Die Schlange Piwnau hat der Prinzessin den Atem genommen!"

Alle liefen auf ihr Schreien und Klagen hin zusammen. Dhola war verzweifelt. Denen, die ihn zu trösten und beruhigen versuchten, sagte er: „Eure mitfühlenden Worte können mir keinen Trost geben, da Maru nicht mehr lebt. Kehrt alle heim nach Pugal. Laßt mich allein." Und so lief die Karawane auseinander, und Dhola blieb, mit dem leblosen Körper seiner jungen Gemahlin im Arm, einsam zurück. Ein wenig abseits stand sein Kamel und schaute ihn mit traurigen Augen an.

„O Maru, Maru!" klagte Dhola. „Ich bin an deinem Tode schuld! Warum blieb ich nicht wach und beschützte dich! Dein teures Leben erlosch langsam wie der Docht der Lampe, und ich habe es nicht verhindert! Mein Herz wird brechen vor Leid!" Nach einem Weilchen legte er die arme Maru vorsichtig im Schatten einer Palme nieder und begann, Holz für einen Scheiterhaufen zu suchen. In seiner Verzweiflung sprach er zu Maru, als wäre sie noch am Leben: „Für mich gibt es kein Leben mehr auf dieser Welt! Ich werde mit dir sterben."

Da kam ein Mönch, aus der Bruderschaft der Linken Hand, des Weges. Ihn begleitete eine junge Frau desselben Glaubens. Er hörte noch die letzten Worte des Prinzen und sprach zu ihm: „Wer hat denn je gehört, daß sich ein Mann mit dem Leichnam seiner Frau verbrennen würde? Seit uralten Zeiten wählen doch nur die Frauen den Feuertod und geben ihm den Vorzug vor der Witwenschaft!"

„Mische dich nicht ein", antwortete Dhola, „das ist nicht deine Sache. Ziehe deines Weges und laß mich in der Einsamkeit über meine Angelegenheiten selbst entscheiden."

„Das ist die Prinzessin Maru von Pugal", sagte da die Begleiterin des Mönches. „Ich kenne sie. Und du, heiliger Mann, beherrschst viele Zauberkünste. Du mußt sie wieder zum Leben erwecken."

„Nichts muß ich", antwortete er ihr. „Ist denn der Unterschied zwischen Leben und Tod eines einzelnen so wichtig? Überdauert nicht das, woraus er geschaffen ist, auch seinen Tod, nur anderswie und anderswo?"

„Belebe sie, oder auch ich betrete den Scheiterhaufen!"

„Das wirst du nicht tun!" schrie der heilige Mann erbost. „Wie sollte ich ohne dich die Zeremonien durchführen?"

„Ist denn der Unterschied zwischen Leben und Tod eines einzelnen so wichtig?" fragte ihn nun lächelnd die Frau. „Überdauert nicht das, woraus er geschaffen ist, auch seinen Tod?"

Da wandte sich der heilige Mann schweigend zu Maru, murmelte Sprüche und berührte dabei ihre Stirn; dann bestrich er ihre Lippen mit einer Flüssigkeit aus einem silbernen Fläschchen. Maru erbebte, atmete tief auf, öffnete die Augen, setzte sich und blickte verwundert um sich.

„Was ist nur mit mir geschehen? Ich war irgendwo ganz weit fort!"

Dhola umarmte sie und erzählte ihr alles. Dann wollte er den heiligen Mann belohnen, doch dieser sagte: „Behalte deinen Reichtum, Prinz, ich brauche ihn nicht. Über allen Kostbarkeiten steht das rechte Wissen, und das besitze ich. Nur diesen Smaragd nehme ich von dir, ich kann ihn bei meiner Zauberei verwenden." Und dann schritt er mit seiner Gehilfin weiter auf dem schmalen Pfad durch die Wüste.

„Da nun alles so glücklich ausgegangen ist", sprach Dhola, „besteigen wir beide mein Kamel und reiten so schnell wir können nach Narwar."

Plötzlich ertönten Hufschläge in der Ferne, und eine Reiterabteilung tauchte hinter einem Sandhügel auf. Ihr folgten Kamele mit Frauen und Lasten. Der Hauptmann der Reiter sprach Dhola an: „Wohin willst du, Herr? Setze dich ein Weilchen zu uns; wir essen und trinken, und dann können wir gemeinsam nach Narwar weiterziehen. Dort liegt auch unser Ziel."

Weder Dhola noch Maru ahnten, daß dies die gefürchteten Wüstenräuber waren und ihr Anführer der berüchtigte Umar. So nahmen sie Umars Einladung an. Dhola band seinem Kamel die Vorderfüße zusammen, damit es nicht fortlaufen konnte, und setzte sich mit Maru zu den Räubern.

Unter den Frauen der Räuber war aber eine, die früher am königlichen Hof in Pugal gedient hatte. Sie erkannte Maru sogleich, und als sie an Umars böse

Absichten dachte, tat ihr die Prinzessin sehr leid. Deshalb beschloß sie, Maru und ihren Gemahl zu retten. Sie ging wie zufällig an der Stelle vorbei, wo beide saßen, und sang mit halblauter Stimme:

„Da ihr eßt und fröhlich trinkt
ruh'n auch die Kamele.
Doch schon naht der Verrat,
gib acht drum, meine Seele.
Ist dir Mann und Leben teuer,
hör' und denke dran,
daß ein Schlag auf das Kamel,
euch vor dieser Räuberbande
doch erretten kann."

Niemand hatte auf ihren Gesang geachtet, auch Dhola nicht, der sich arglos mit den Räubern unterhielt. Nur Maru hatte aufgehorcht. Sie erhob sich und versetzte dem Kamel einen kräftigen Hieb auf den Rücken. Das Tier schrie vor Schmerz auf.

„Dein Kamel ruft dich", sagte Umar zu Dhola. „Geh und beruhige es."

Dhola lief zu seinem Kamel, und dort erwartete ihn Maru schon voller Ungeduld. Sie flüsterte ihm zu: „Es sind die Wüstenräuber, ihr Anführer ist Umar! Wir müssen auf der Stelle fliehen, oder es nimmt ein böses Ende mit uns!"

Schnell saßen sie auf, und Dhola trieb das Kamel zu schnellem Lauf an. Doch wehe! Er hatte vergessen, dem Tier die Fesseln von den Vorderfüßen zu nehmen! Jetzt war es zu spät, denn Umar und seine Räuberbande hatten ihre Flucht schon bemerkt und sich auf ihre Pferde geworfen, um sie zu verfolgen und einzufangen. Das Kamel lief, obwohl es zusammengebundene Füße hatte, wie der Wind. Nach einem Weilchen kam ihnen ein Bettler entgegen, ein Späher Umars. Er hatte kurzen Verstand. Ihm warf Dhola ein Messer zu und befahl ihm: „Schnell, schneide dem Kamel die Fesseln an seinen Vorderfüßen durch! Das Messer darfst du zur Belohnung behalten, und erzähle Umar, wie du uns geholfen hast." Nun trabte das Kamel mit doppelter Schnelligkeit vorwärts.

Die Verfolger trafen nach kurzer Zeit auf den Bettler und drängten sich um ihn. „In welche Richtung haben sich die Flüchtlinge auf dem Kamel mit den gebundenen Vorderfüßen davongemacht?" schrie Umar ihn an.

Der Bettler antwortete: „Hier ist nur Prinz Dhola mit seiner Gemahlin Maru vorbeigekommen. Ich selbst habe dem Kamel die Fesseln zerschnitten, damit es besser laufen kann. Mir schien, sie ritten nach Narwar."

„Du Dummkopf!" brüllte Umar und schlug dem Bettler auf den Kopf. „Du hast ihnen noch geholfen! Jetzt holen wir sie nicht mehr ein! Dafür wirst du mir büßen!" Und so blieb den Räubern nichts anderes übrig, als umzukehren.

Dhola und seine Gemahlin erreichten glücklich Narwar, die Hauptstadt ihres Königreiches. König Nal und Königin Tschampawati begrüßten freudig den Sohn und die Schwiegertochter und richteten ein großes Fest aus. Auch Malwani kam herbei; Dholas Rückkehr stimmte sie so froh, daß sie sich mit Prinzessin Marus Anwesenheit abfand. Und es dauerte gar nicht lange, da wurden Dholas Gemahlinnen so treue Freundinnen, wie man bessere nicht finden kann.

Still hatten die Dörfler dem fahrenden Sänger gelauscht. Nachdem Dschagannath geendet hatte, griff er zu seiner Iktar und spielte ein kurzes Lied. Dann sang er:

„Ist auch das Märchen trügerisch,
ein Körnchen Wahrheit birgt's in sich.
Was ist Wahrheit, was ist Schein —
finden mußt du es allein."

Und er begann ein neues Märchen.

# Wie die Vögel ihren König wählten

Vor langer Zeit, als die Vögel noch keinen König hatten, trafen sie alle zusammen und überlegten, wen sie aus ihrer Mitte zu ihrem König wählen sollten. Nach langen Verhandlungen einigten sie sich, die Eule als ihren König zu wählen, denn sie sei von allen Vögeln der weiseste. Doch ein kleiner Kolibri pfiff dazwischen und rief: „Aber wir haben ja vergessen, die Krähe einzuladen! Da ist die Wahl doch ungültig! Ich fliege gleich zu ihr und hole sie!“ Und er flog davon.

Als er bald darauf mit der Krähe zurückkehrte, sagte diese: „Da habt ihr aber einen schönen König vorgeschlagen! Kennt ihr keinen anderen Vogel als gerade die Eule? Es gibt doch Schwäne, Adler und Nachtigallen? Schaut sie euch nur einmal richtig an! Sie hat einen schiefen Schnabel, kneift unablässig die Augen zusammen, als führe sie etwas Böses im Schilde, und von Natur aus ist sie grausam und gewöhnlich. Aber listig ist sie nicht, und solch ein König ist zu nichts nutze. Ihr wißt es doch, daß List schon häufig auch den Schwächeren vor dem Stärkeren, errettet hat."

„Wie ging denn das zu?" fragten die anderen Vögel.

Und die Krähe erzählte:

„Auf einem Baum wohnte einmal ein Krähenpaar. Immer, wenn sie Eier im Nest hatten, kroch aus dem hohlen Stamm des Baumes die Kobra hervor und fraß ihnen alle Eier auf. Die Krähen waren deshalb sehr unglücklich, doch konnten sie gegen die Schlange nichts ausrichten. Einmal beklagten sie sich bei ihrem Freund, dem Schakal, darüber und dieser riet ihnen: ‚Gegen so einen starken Feind müßt ihr mit List vorgehen, wie der geschickte Krebs gegen den unersättlichen Reiher.'

‚Wie ging denn das zu?' fragten die Krähen.

Und der Schakal erzählte:

‚An einem Teich lebte einmal ein alter Reiher. Er war schon schwach und unterernährt, so daß es ihm nicht mehr gelang, wie früher, genügend Fische zu fangen. Da stellte er sich ganz dicht ans Ufer, hob seinen langen Schnabel in die Höhe und begann aus vollem Halse zu klagen. Die neugierigen Fische schwammen näher heran und fragten ihn: »Warum klagst du so, Reiher?« Der Reiher antwortete: »Wehe euch, ich klage wegen eures unabwendbaren Verderbens. Heute früh gingen Fischer vorbei und sagten, sie kämen alle morgen früh bei Sonnenaufgang mit ihren Netzen an diesen Teich, um ihn bis zum letzten Fischlein leerzufischen. Ich klage deshalb, weil ich euch aufrichtig bemitleide.«

Die Fische erschraken sehr und berieten untereinander, was sie tun könnten. Schließlich sprach einer: »Der Reiher muß uns helfen, denn er kann fliegen.« Und sie schwammen von neuem zum Reiher ans Ufer und baten ihn: »Unsere Ausrottung bedeutet auch deine Ausrottung, Reiher, denn wenn uns die Fischer morgen alle fangen, bleibt für dich keine Nahrung mehr übrig. Darum machen wir dir einen Vorschlag: Nimm uns nacheinander in deinen Schnabel und trage uns durch die Lüfte in einen anderen Teich, wo uns keine Gefahr droht. Dort werden wir weiterleben, und du kannst uns fressen, wie vorher. So wird es für uns und auch für dich gut sein.«

Der schlaue Reiher war mit diesem Vorschlag einverstanden. Er nahm ohne Anstrengung einen Fisch nach dem anderen, flog ein Stückchen weiter und verschlang sie dann gierig. Dies jedoch beobachtete ein alter Krebs, ein Freund der Fische, und er beschloß, die noch übrigen Fische vor dem unersättlichen Reiher zu retten. Er kroch ans Ufer und bat den Reiher wie in übergroßer Angst: »Lieber Reiher, rette auch mich!« Der Reiher dachte bei sich: »Sieh mal einer an! Ich habe mich an diesen Fischen schon beinahe überfressen; vielleicht könnte es nichts schaden, zur Abwechslung einmal in weiches Krebsfleisch zu beißen.« Und er nahm den Krebs in den Schnabel und wollte mit ihm davonfliegen. Doch dieser umfaßte mit seinen beiden Scheren den Hals des Reihers und drückte ihn zu, bis er tot war. So rettete er die Fische vor dem Gefressenwerden.'

Das erzählte der Schakal, und er sprach noch: ,Deshalb behaupte ich, daß ihr gegen einen stärkeren Feind mit List vorgehen müßt.'

Da fragten ihn die Krähen: ,Was schlägst du uns denn vor, lieber Freund?'

Der Schakal erwiderte: ,Wartet, bis die Königin und ihre Hofdamen im Lotossee baden werden. Wenn sie am Ufer ihre Kleider und den Schmuck ablegen, dann ergreift ein Halsband und tragt es zur Höhle der Kobra. Die Wächter werden den Schmuck suchen und finden und dann die Kobra erschlagen.'

Und so geschah es. Als die Königin und ihre Hofdamen im Lotossee badeten, flogen beide Krähen dorthin und nahmen das schönste Halsband, das sie fanden. Sie flogen ganz langsam fort, damit die schimpfenden Wächter ihnen folgen konnten und sie nicht aus den Augen verloren. Dann ließen sie das Halsband fallen und setzten sich auf die Spitze ihres Baumes. Die Wächter nahmen den Schmuck an sich, und als sie die Kobra erblickten, schlugen sie sie mit Knüppeln tot. Das Krähenpaar aber lebte von nun an in Ruhe und Zufriedenheit und hat noch viele Krähenkinder aufgezogen.' "

Die Krähe hatte ihre Erzählung beendet und sagte dann noch: ,,Deshalb sage ich, daß sich mit List auch ein Schwächerer vor einem Stärkeren retten kann."

Die Eule grollte der Krähe und sprach: ,,Alle Vögel haben sich geeinigt, mich zu ihrem König zu wählen, nur du, Krähe, bist dagegen. Aber die Mehrheit entscheidet, da kann es doch gar keinen Zweifel geben."

Die Krähe lachte und sagte: ,,Ja, Eule, die Mehrheit entscheidet, aber häufig nur durch ihr Übergewicht und nicht, weil sie wirklich recht hat. So kam einmal ein Priester um ein schönes Ziegenböckchen."

,,Wie ging denn das zu?" fragten die Vögel.

Und die Krähe erzählte:

,,Ein Priester erbat sich einmal bei einem reichen Bauern ein Ziegenböckchen. Er nahm es auf den Rücken und trug es heim. Da trafen ihn drei Gauner, und sie beschlossen, den Priester um das Böcklein zu betrügen. Sie trennten sich und überholten den Priester zuerst jeder einzeln, dann zu zweit, dann jeder mit einem anderen und schließlich zu dritt. Und das wiederholten sie mehrere Male. Immer, wenn sie an ihm vorüberliefen, riefen sie ihm empört zu: ,Heiliger Mann, warum trägst du ein unreines Schwein auf deinem Rücken?'

,Daß du dich nicht schämst! Ein heiliger Mann — und berührt ein Schwein!'

,Die Unreinheit ist auch schon unter den Priestern verbreitet!'

Das brachte den Priester aus der Fassung. Er überlegte: ,Da stimmt doch etwas nicht! Ich habe mir zwar ein Böcklein erbeten, aber wenn so viele Leute behaupten, es wäre ein Schwein, dann haben das vielleicht böse Kräfte bewirkt!'

Er nahm das Böcklein vom Rücken, stellte es auf die Erde und betrachtete es forschend. ‚Es ist doch ein Ziegenbock. Er hat zwei schöne Hörner, einen langen Bart und weiße Haare. Das ist ein Ziegenbock, und die Männer sind Narren!' Dann nahm er das Böcklein wieder auf seinen Rücken und schritt weiter.

Aber die Gauner gaben ihr Spiel noch nicht auf. Wieder und immer wieder überholten sie ihn, riefen ihm etwas zu und lachten ihn aus.

‚Der Weltuntergang ist nahe! Die heiligen Männer tragen Schweine auf dem Rücken!'

‚Schande, o Schande! Willst du mit dem Schwein ins Paradies kommen?'

Da dachte der arme Priester: ‚Haben mich denn alle guten Geister verlassen? Aber es kann ein böses Zeichen sein. Gibt es doch viele wunderliche Dinge auf der Welt. Vielleicht ist das irgendein Dämon, der sich in ein Schwein verwandelte und überdies meine Augen trübte!'

Er warf das Böcklein von seinem Rücken und floh nach Hause, um sich im Bade zu reinigen. Die Gauner aber fingen das Böcklein ein, brieten es am Spieß und ließen es sich wohlschmecken."

Als die Krähe zu Ende erzählt hatte, flog die Eule beleidigt davon. Die Vögel jedoch beschlossen, die Königswahl zu verschieben, um noch einmal gründlich Rat zu halten, denn so eilig wäre es auch nicht damit.

Seit der Zeit aber können Krähen und Eulen einander nicht leiden.

Die Geschichte des heiligen Mannes mit dem Böcklein brachte alle zum Lachen. Da nahm der fahrende Sänger wieder seine Iktar zur Hand und spielte ein kurzes Lied. Dann sang er:

„Ist auch das Märchen trügerisch,
ein Körnchen Wahrheit birgt's in sich.
Was ist Wahrheit, was ist Schein —
finden mußt du es allein."

Und er begann ein neues Märchen.

# Mango und die vier Brüder

Inmitten des Dschungels wuchs ein alter Baum. In jedem Frühling trug er unzählige, herrliche Blüten und bereitete den Waldbienen ein reichliches Festmahl. In diesem Jahr aber hatte er nur eine einzige Knospe. Sie war ungewöhnlich groß, ganz weiß und nur am Rande leicht rosa gefärbt.

,,Warum hat der alte Baum in diesem Jahr nur eine einzige Kospe?" fragten die wilden Tiere einander. ,,Und warum ist sie nur so riesengroß, diese Knospe?"

Doch niemand wußte eine Antwort. Nur ein hundertjähriger Geier, der schon viel in der Welt herumgekommen war, konnte das Rätsel lösen: ,,In dieser Knospe verbirgt sich das Geheimnis des Dschungels. Sie wird erblühen, wenn einmal um

Mitternacht ein Gewitter mit Donner und Blitz niedergeht. Dann werdet ihr sie voll erblüht erblicken.“

Doch die Affen und Schakale sagten, daß sie sich vor dem Gewitter fürchten. Die Papageien sagten, daß sie um Mitternacht immer schliefen und also nichts sehen könnten. Die Schlange sagte, daß sie solche Dinge nicht im geringsten interessierten. Die Ameisen sagten, daß sie vor Arbeit nicht ein noch aus wüßten, und die Schmetterlinge sagten, daß ihnen der Gewitterregen den Schmelz von den Flügeln streifte und sie dann nie mehr fliegen könnten.

Die Eule, die Spinne und die Bären mit ihren Jungen, die Wölfe und Tiger, aber auch die Elefanten sagten, daß sie das Geheimnis des Dschungels mit eigenen Augen sehen möchten. Auch alle Bäume und Sträucher ringsum, alle Gräser und Pflanzen kamen überein, die geheimnisvolle Knospe anzuschauen, wenn um Mitternacht ein Gewitter käme.

Und einmal zog um Mitternacht ein schreckliches Gewitter herauf. Der alte Baum schüttelte sich und bog den Ast mit der großen weißen Knospe bis auf die Erde nieder; die Knospe sprang auf, und ins Gras rutschte ein kleiner Knabe.

„Aber er ist ja nackt und wird sich erkälten!“ rief ein kleiner Bär. „Warum hat er denn kein Fellchen wie ich?“

„Oder warum hat er kein Federkleid wie ich?“ fragte die Eule.

„Oder warum hat er keine Blätter wie wir?“ wunderten sich die Bäume.

Der alte Leitelefant bewegte den Rüssel und sprach: „Wir müssen ihm helfen, sonst geht er im Dschungel zugrunde.“

Und so flochten ihm die Gräser ein Bettchen, die Bäume breiteten ihr Blätterdach über ihm aus, die Bären und Tiger gaben ihm etwas von ihrer weichen, warmen Wolle, und die Spinne webte ihm ein Mäntelchen; der Feigenbaum nährte ihn mit seinen honigsüßen Feigen, und die Elefanten trugen ihn zur Quelle, wann immer er Durst verspürte. So sorgten sie alle zusammen für den kleinen Knaben.

„Er ist zwar unser Kind“, sprachen sie, „aber wir wissen nicht, wie er heißt.“

Da rauschte der alte Baum: „Mango, er heißt Mango.“

Und Mango wuchs und erstarkte. Alle Bewohner des Dschungels hatten ihn sehr gern und sorgten für seine Erziehung, so gut sie es vermochten. Die Bäume, Sträucher und das Gras lehrten ihn, die Früchte zu unterscheiden, die eßbaren von den giftigen. Die Bären und Tiger zeigten ihm alle Heilpflanzen und erklärten ihm, wofür man sie verwenden kann. Wie man auf die Bäume klettert, brachten ihm die Affen bei. Eine große alte Schildkröte aber, die im Fluß lebte, lehrte ihn schwimmen.

Als der Knabe zu einem kräftigen Jüngling herangewachsen war, fragte er seinen alten Baum: „Gibt es wohl noch irgendwo Geschöpfe, die mir gleichen? Im

Dschungel sind alle meine Freunde, doch sie haben ihre Brüder und Schwestern. Nur ich bin allein und habe niemand, der zu meiner Familie gehört."

„Warum fragst du, Mango?"

„Ich würde gern jemand kennenlernen, der so ist wie ich", antwortete Mango.

„Steige auf meinen allerhöchsten Ast und schau in die Richtung, wo die Sonne untergeht."

Mango erklomm den alten Baum und erblickte einen hohen bewaldeten Berg.

„Ganz oben auf dem Gipfel dieses Berges wächst mein Bruder", sprach der alte Baum. „Geh zu ihm und frage ihn, wo die vier Brüder wohnen. Er wird dir sagen, wohin du weitergehen mußt."

Mango dankte dem alten Baum, verabschiedete sich von ihm und seinen Freunden und machte sich auf den Weg. Als er den Gipfel des hohen Berges erstiegen hatte, blühte der Bruder des alten Baums in voller Pracht. Mango begrüßte ihn und fragte, wo er die vier Brüder finden könne.

„Sie leben an der anderen Seite des Berges im Tal und bereiten sich gerade einen erlegten Hirsch zu", antwortete der Bruder des alten Baumes.

Mango stieg ins Tal hinab und erblickte schon von weitem vier stattliche Jäger, die einen Hirsch zerlegten. Als sie den Jüngling sahen, gingen ihm alle entgegen. Dann sprachen sie: „Sei gegrüßt! Wir sind die vier Brüder; willst du bei uns bleiben? Dann werden wir fünf sein."

„Gerade deshalb komme ich zu euch", erwiderte Mango. „Ich lebte dort hinter dem Berg im Dschungel, wo alle meine Freunde waren; aber Brüder hatte ich nicht."

„Das ist fein! Komm also und iß gleich mit uns Hirschfleisch."

Von nun an blieb Mango bei den vier Brüdern.

Eines Tages sagte der älteste Bruder zu Mango: „Weißt du, wir würden das erlegte Wild gern am Feuer braten, doch wir haben kein Feuer. Wir würden uns auch gern verheiraten, doch die Bräute fehlen uns. Nicht weit von hier lebt der böse Riese Guh-Guh. In seinem Kamin brennt ständig ein Feuer, und er hat auch vier schöne Töchter, die sicher gern heiraten würden; doch er ist ein so schrecklicher Riese, daß wir uns fürchten, ihm nur unter die Augen zu kommen geschweige denn, ihn um Feuer oder seine Töchter zu bitten!"

Darauf erwiderte Mango, er wolle sich bemühen, in das Haus des Riesen zu gelangen, um ihnen wenigstens einen glimmenden Ast zu bringen. Und er machte sich gleich auf den Weg.

Der Riese Guh-Guh lag auf Fellen am Kamin und schnarchte laut. In diesem Kamin, der so groß wie eine Höhle war, brannten ganze Baumstämme. Mango schlich leise zum Feuer, ergriff einen brennenden Ast und wollte sich wieder davonstehlen. Ein Funken fiel jedoch dem Riesen auf die Wange. Er schrie vor

Schmerz auf, erwachte und begann Mango zu verfolgen. Dieser konnte ihm zwar entkommen, doch verlor er den brennenden Ast, und so waren sie wieder ohne Feuer.

Die vier Brüder meinten, es wäre nicht gut, noch einmal zu dem bösen Riesen zu gehen, doch Mango sprach: „Ich will es noch einmal versuchen. Gebt mir einen trockenen Kürbis, einen geraden Ast und einen Hirschdarm."

In zwei Tagen baute Mango aus diesen Dingen eine Laute und begann auf ihr zu spielen. Den Brüdern gefiel die Musik sehr, doch sie wußten immer noch nicht, was Mango damit beabsichtigte.

Am nächsten Morgen nahm der Jüngling sein Instrument und ging von neuem zum Riesen Guh-Guh. Ganz leise schlich er bis ans Haus, stieg auf einen hohen Baum, der vor dem Tor wuchs, und wartete, bis sich der Riese auf den Fellen vor dem Kamin zum Mittagsschlaf niedergelegt hatte. Als er eingeschlafen war, begann Mango leise auf seiner Laute zu spielen.

Der Riese Guh-Guh glaubte zuerst, er träume. Erst öffnete er ein Auge, dann auch das zweite Auge, erhob sich und trat hinaus. Die Musik klang traurig, doch nach einem Weilchen spielte Mango eine fröhlichere Weise, und der Riese begann, auf seinem Hofe zu tanzen.

Da schaute seine Frau zum Fenster heraus und rief: „Was machst du denn da, Mann! Du tanzst ja wie ein junger Bursche! Kümmere dich lieber darum, daß unsere Töchter verheiratet werden!"

Doch Guh-Guh tanzte weiter, und als seine Frau und die vier Töchter aus dem Hause traten, begannen auch sie zu tanzen.

Als Mango schließlich sein Spiel beendete und vom Baum herabkletterte, redete ihn Guh-Guh freundlich an: „Wie soll ich dich nur belohnen, mein Junge, daß du uns alle miteinander so fröhlich gemacht hast?"

Mango erwiderte: „Wenn du willst, so gib mir Feuer und deine vier Töchter für meine vier Brüder."

„Das sollst du gern haben", sprach Guh-Guh glücklich. „Das Feuer reicht mir noch lange, und mit so vielen Weibern im Haus war's ohnehin nicht mehr auszuhalten."

Und so brachte Mango seinen vier Brüdern Frauen und auch Feuer. Doch da er selbst am klügsten von ihnen war, heiratete er nie.

So schloß der fahrende Sänger Dschagannath seine Erzählung in Kadas. Die Dörfler begaben sich in ihre Hütten, und auch Dschagannath fand bei einem Bauern vom Rat der Alten ein Nachtlager. Am nächsten Morgen brach er schon sehr früh auf, denn nach Wada, seinem nächsten Ziel, war es ein weiter Weg. Bald hinter Kadas endete die steinige und staubige Steppenlandschaft, und Dschagannath betrat den Dschungel. Hier schwangen sich graue Affen mit langen Schwänzen und schwarzen Händen und Füßen von Baum zu Baum, und überall herrschte ein feuchtes Halbdunkel. Das Wild und die Vögel gaben mannigfaltige Laute von sich, doch im Geflecht der Bäume, Lianen und Stämme, der Sträucher und Büsche, Gräser und Blüten waren sie nicht zu sehen. Der Weg, zuerst ziemlich breit und von Büffelkarren und vom letzten Regen zerfurcht, wurde immer enger und verwildeter. Gegen Mittag unterbrach Dschagannath seine Wanderung, um ein wenig zu essen. Als die Dämmerung plötzlich hereinbrach, suchte er sich schnell einen weitverzweigten Feigenbaum mit fast waagerecht gewachsenen Ästen. Diesen erklomm er und ließ sich auf einem besonders dicken Ast zum Schlaf nieder, wobei er den ermüdeten Rücken an den Stamm lehnte. So verbrachte er die ganze Nacht und wanderte erst am nächsten Morgen weiter. Und erst als er den Urwald durchquert hatte, sah er das Dorf Wada vor sich, zu dem eine kleine Brücke aus Bambusholz führte.

Da Dschagannath Durst verspürte, schritt er zu einem Verkaufsstand am Rande des Dorfes, wo Zuckerrohrsaft feilgeboten wurde. Die Verkäufer, zwei Knaben, erkannten den fahrenden Sänger sofort. „Dschagannath ist da! Dschagannath ist gekommen!" schrieen sie, und im Nu wußte das ganze Dorf von seiner Ankuft.

Als der fahrende Sänger gebadet und sich etwas gestärkt hatte, kamen alle Dörfler zusammen, und er begann zu erzählen.

# Wie es Dschasu in Kambodscha erging

Im Lande Gond herrschte einmal ein König, der hatte acht Söhne. Der jüngste, Dschasu, war von allen der schönste, klügste und geschickteste. Seine Brüder beneideten ihn deshalb und mochten ihn gar nicht, doch der alte König hatte ihn, von allen seinen Söhnen, am meisten ins Herz geschlossen.

Eines Tages rief er seinen Ratgeber zu sich und sprach: „Ich fühle, daß meine Kräfte von Tag zu Tag nachlassen. Wenn ich einmal sterbe, dann soll Dschasu den

Thron besteigen, denn er allein ist von allen meinen Söhnen fähig, unser Land zu regieren. So habe ich es beschlossen, und mein Entschluß ist unabänderlich."

Der Ratgeber verbeugte sich und versprach, den Willen des Königs zu achten und sich danach zu richten. Bald war diese Neuigkeit am Hofe von Gond allen bekannt. Die meisten Höflinge waren nicht überrascht, als sie vom Entschluß des alten Königs hörten, denn den guten Charakter und das gute Betragen des Prinzen kannten alle, nur Dschasus Brüder waren nicht nur unangenehm berührt, sondern sie gerieten darüber in Wut.

„Unser Vater ist zwar König", sagte der älteste Prinz, „aber das Alter hat ihn wohl närrisch werden lassen, wenn er gerade den Jüngsten als seinen Nachfolger bestimmt. Wir müssen verhindern, daß er es wird!" Auch die anderen Brüder äußerten ihren Ärger durch lautes Geschrei, und einer von ihnen schlug vor: „Wir wollen ans Ufer des Mahanadi-Flusses gehen und dort miteinander ringen. Dschasu wird sich an unserem Kampf beteiligen wollen — und bei der Gelegenheit werfen wir ihn in den Fluß, wo er ertrinken wird."

„Das ist ein glänzender Einfall", stimmten die anderen Brüder zu, und sie gingen gleich ans Ufer des Mahanadi.

Dschasu saß unterdessen im Palast zu Füßen seines königlichen Vaters, um ein Gespräch mit ihm zu führen. Als er den fröhlichen Lärm seiner Brüder hörte, sprach er zum Vater: „Meine Brüder üben sich wohl am Ufer im Ringkampf. Erlaube mir, zu ihnen zu gehen."

„Geh lieber nicht, mein lieber Dschasu", antwortete der alte König. „Deine Brüder lieben dich nicht und könnten dir deshalb etwas antun wollen."

„Wie kannst du das wissen, Vater?" wunderte sich Dschasu.

„Ich sehe es ihren Augen an. Sie können den Haß gegen dich nicht verbergen."

Doch Dschasu entgegnete: „Sie werden mir sicher nichts tun, bin ich doch ihr Bruder." Da erlaubte ihm der alte König, wenn auch ungern, zu seinen Brüdern zu gehen.

Als die Prinzen bemerkten, daß Dschasu kam, riefen sie ihm zu: „Komm, mit uns zu ringen! Hab nur keine Angst, wir wissen, daß du der jüngste und schwächste bist, und wir werden dich schonen!"

Diese Worte beleidigten Dschasu, und deshalb warf er sich mit besonderem Eifer in den Kampf. Er kämpfte mit jedem von ihnen, und als er schon ermüdet schien, schrie der älteste: „Jetzt!" Und schon warfen sich alle Prinzen zusammen auf Dschasu.

Dschasu erinnerte sich der Worte des Vaters und erkannte gleich, was sie im Schilde führten. Er nahm alle seine Kräfte zusammen, entwand sich ihrer Umklammerung und warf einen nach dem anderen in die Luft, so daß sie heftig auf das sandige Ufer des Mahanadi-Flusses niederfielen. Dschasu war zwar der jüngste, doch auch der kräftigste und wendigste unter den Brüdern, und nun lachte er sie aus und ging davon, sie ihrer Schande und ihrem Ärger überlassend.

Der älteste Bruder, bebend vor Zorn, wandte sich an die anderen: „So kann es nicht weitergehen. Das ist eine schreckliche Beleidigung. Wenn wir uns seiner nicht entledigen können, dann fahren wir lieber gen Osten, den Fluß hinunter, in ein fremdes Land.“ Die Brüder stimmten ihm zu, und so bereiteten sich die sieben Prinzen auf eine lange Reise vor. Der König hinderte sie nicht an ihrem Vorhaben, denn er wußte, wenn es ihnen in der Fremde gut erginge, dann würden sie dort bleiben, und wenn nicht, dann würden sie wiederkehren.

Als die Brüder ihre Reisevorbereitungen fast beendet hatten, ließ die alte und weise Großmutter des Königs von Gond ihren Urenkel Dschasu zu sich rufen und sprach zu ihm: „Mein lieber Dschasu, deine Brüder wollen eine weite Reise nach Osten antreten. Fahre mit ihnen, denn im Lande Kambodscha lebt die Prinzessin Sukrita, die dir vom Schicksal zur Gemahlin bestimmt wurde. Es ist nicht leicht, sie zu gewinnen! Deshalb will ich dir etwas auf die Reise mitgeben.“ Und mit diesen Worten reichte sie Dschasu ein kurzes, an beiden Enden verschlossenes, Bambusrohr.

„In diesem Bambusrohr befinden sich drei Dinge, die dir nützlich sein werden“, erklärte die alte, weise Großmutter ihrem Urenkel. „Einmal ein grünes Betelblatt, legst du es an deine Lippen, wirst du keinen Hunger und Durst mehr empfinden. Dann ist hier eine hölzerne Zauberfigur, die ich mit den drei Zaubern der Erde, der Luft und des Wassers begabt habe. Immer, wenn du den Rat oder die Hilfe des Figürchens brauchst, dann nimm es aus seinem Gehäuse und sprich zu ihm:

Hunu, höre mich,
Hunu, schau auf mich,
Hunu, berate mich!

Und dann handele nach dem Rat, den dir Hunu erteilt. Schließlich findest du in dem Bambusrohr einen großen Rubin, der dich vor allen bösen Geschöpfen, die laufen, fliegen oder schwimmen, schützen wird; es genügt, den Rubin fest mit der Hand zu umschließen, und jedes Tier, das dich bedroht, zerfällt sofort zu einem Häuflein Asche.“

Dschasu dankte seiner weisen Urgroßmutter aufrichtig für ihre Ratschläge und das Geschenk. Die weise Alte sagte noch zu ihm: „Als ich jung war, und das ist wirklich schon sehr, sehr lange her, da lernte ich bei dem alten Zauberer Jamrup, der schon Jahrhunderte, ja, Jahrtausende im tiefsten Abgrund des tiefsten Tals hinter dem großen Ozean an der Quelle des Lebenswassers lebt, allerlei Künste. Das beste, was ich von ihm gelernt habe, legte ich dir hier in dieses Bambusrohr, weil ich dir helfen will und weiß, daß du die Dinge brauchen wirst. Mein Bruder Nand und meine Schwester Nanda dienen noch heute bei dem alten Zauberer Jamrup. Wenn du einmal bis zu ihnen kommen solltest, und ich halte das für möglich, dann grüße sie von mir!"

Dschasu verneigte sich zum Zeichen des Dankes und der Ehrerbietung bis zur Erde vor seiner Urgroßmutter. Dann verabschiedete er sich von ihr und ging, das Bambusrohr in den Falten des Gewands wohl verwahrt, zu seinen Brüdern und bat sie: „Meine lieben Brüder, ich sehe, daß ihr das Boot zu einer längeren Reise vorbereitet habt. Ihr setzt die Segel, legt die Ruder ein und nehmt eine Menge Speisen und Trinkwasser an Bord. Daran erkenne ich, daß ihr bis in ein fremdes Land im Osten fahren wollt. Ich bitte euch, liebe Brüder, nehmt mich mit!"

Der Älteste entgegnete ihm abweisend: „Gerade deinetwegen verlassen wir unsere Heimat und begeben uns in unbekannte Fernen, wobei wir nicht wissen, was uns erwartet!"

„Ich bin zwar der jüngste von uns", erwiderte Dschasu, „doch sicher werde ich euch helfen können und niemals zur Last fallen. Je mehr wir in jenem fernen Lande sein werden, desto besser für uns alle."

Da zwinkerten die anderen Brüder dem ältesten heimlich zu, und dieser begriff schnell ihren Gedanken, daß sie sich Dschasus in der Fremde sicher leichter würden entledigen können, und sagte deshalb zu ihm: „Gut, wir nehmen dich mit. Aber Anführer bin ich, und du wirst, wie die anderen, gehorchen." Das versprach Dschasu.

So verabschiedeten sich die acht Brüder von ihrem Vater, dem alten König, und segelten auf den Wellen des Mahanadi-Flusses dem großen Ozean zu. Als sie ihn nach einer beschwerlichen, zwei Monde währenden Fahrt erreicht hatten, verankerten sie ihr Boot, betraten das Ufer und fragten einander: „Was nun? Bleiben wir hier oder gehen wir weiter am Ufer entlang? Und in welcher Richtung, nach Norden oder nach Süden? Wäre es besser, ins Innere des Landes vorzudringen, oder bleiben wir hier, bauen uns eine Hütte und ernähren uns von dem, was uns das Meer und der Wald bieten?"

Da meldete sich Dschasu zu Worte und sagte: „Hätte sich die lange und anstrengende Reise auf dem Mahanadi, die wir glücklich überstanden haben, gelohnt, wenn wir uns hier an diesem verlassenen Küstenstreifen notdürftig von Fischen, Muscheln und dem ernähren wollten, was wir an Bäumen und Sträuchern finden? Ich glaubte, meine Brüder, ihr besäßet mehr Mut. Legt das Boot ab, spannt die Segel und greift zu den Rudern! Wir wollen noch weiter gen Osten fahren! Wir segeln aufs Meer hinaus und werden schon sehen, was uns dort erwartet!" Die Brüder betrachteten einander unentschlossen und wußten nicht, was sie antworten sollten.

„Wenn ihr euch fürchtet, so bleibt hier“, sagte Dschasu mit entschlossener Stimme. „Ich aber fahre aufs Meer. Wenn ihr wollt, so fahrt mit mir, doch nötigen will ich euch nicht.“

Da fühlten sich die Brüder durch ihre Unentschlossenheit beschämt. Schließlich antwortete der Älteste zögernd: „Wir würden auch gern weiter nach Osten fahren, ja, eigentlich sind wir schon fast entschlossen, die Reise über den Ozean fortzusetzen. Doch fürchten wir, du könntest uns zur Last fallen. Du bist am jüngsten und hältst nicht so viel aus wie wir.“

Dschasu lachte nur: „Fürchtet nichts, liebe Brüder! Ich halte mindestens soviel aus wie ihr. Und gern unterwerfe ich mich der Führung des ältesten Bruders und werde ihm in allem gehorchen. Das verspreche ich euch.“

Und so begaben sich alle mit ihrem Boot wieder aufs Meer und fuhren weiter gen Osten. Die Reise war noch beschwerlicher als auf dem Mahanadi-Fluß. Die Wellen des Meeres waren hoch wie der Palast ihres Vaters. Dicht unter der Oberfläche des Wassers tummelten sich die Haifische, und auch viele andere Meeresungeheuer blickten sie mit ihren starren Augen an, als warteten sie nur darauf, die Brüder verschlingen zu können. Es wehte ein kräftiger Wind. Die Segel blähten sich, so daß das Boot wie ein Pfeil dahinflog. Es dauerte nicht lang, da war das Land hinter dem Horizont verschwunden, und weit und breit gab es nur die schier unendliche Wasserfläche.

So fuhren sie schon viele Tage. Ihren Hunger stillten sie mit zufällig erbeuteten Fischen und ihren Durst mit dem Morgentau, der sich an den Wänden des Bootes niederschlug. Dschasu erging es besser, denn jeden Abend, wenn es dunkelte und die Brüder sich erschöpft zur Ruhe niederlegten und das Boot den Meeresströmungen und dem Wind überließen, nahm er das grüne Betelblatt aus seinem Bambusrohr, legte es an die Lippen — und schon verspürte er weder Hunger noch Durst.

Seine Brüder wurden täglich schwächer, sie magerten ab und ähnelten mehr und mehr vertrockneten Feigen, die der Hagel vom Baum geschlagen hat. Eines Tages aber konnten sie die Ruder nicht mehr halten und fielen vor Schwäche in Ohnmacht. Da dachte Dschasu: „Wenn sie mich auch hassen, so sind es doch meine Brüder. Ich kann sie doch hier nicht sterben lassen.“

Und er nahm das grüne Betelblatt aus seinem Bambusrohr und legte es den schlafenden Brüdern, einem nach dem anderen, an die ausgedörrten Lippen. Gleich waren sie gesättigt, ihr Durst war gestillt und neue Kraft erfüllte ihre Muskeln. Erfrischt griffen sie wieder zu den Rudern und dachten bei sich: „Es ist doch eigenartig, daß wir plötzlich weder Hunger noch Durst haben und uns so kräftig und frisch fühlen, wie am Anfang der Reise! Sicher nähern wir uns einem fruchtbaren Land voller köstlicher, saftiger Früchte und großer Reis- und

Kornfelder, da uns nur das bloße Wehen vom Ufer her alle Schwäche nahm und uns neue Kräfte verlieh!"

Dschasu wußte zwar, wie es sich wirklich verhielt, aber er schwieg.

Am nächsten Tag trafen sie auf ein kleines Fischerboot. Der älteste Bruder rief dem Fischer zu: „He, Fischer, sei gegrüßt! In welcher Richtung liegt das nächste Ufer, und wie heißt das Land dort?"

„Seid auch ihr gegrüßt, Fremdlinge", antwortete der Fischer. „Unser Land liegt genau vor eurem Bug, und es nennt sich Kambodscha. Wenn ihr mit dieser Geschwindigkeit immer weiter fahrt, dann erblickt ihr seine Ufer noch vor dem nächsten Morgengrauen."

Die Brüder dankten dem Fischer für seine Auskunft und legten sich noch mehr in die Riemen. Niemals vorher hatten sie von einem Land namens Kambodscha gehört. Nur Dschasu erinnerte sich, was ihm die Urgroßmutter gesagt hatte, und wußte daher, daß in diesem Lande die Prinzessin Sukrita herrschte.

Als es Nacht geworden war und die Brüder schliefen, nahm er deshalb heimlich das hölzerne Figürchen aus seinem Bambusgehäuse und flüsterte ihm zu:

„Hunu, höre mich,
Hunu, schau auf mich,
Hunu, berate mich!"

Die kleine Figur erbebte leicht, öffnete die Augen und fragte mit einem feinen, zarten Stimmchen: „Was verlangst du, Herr?"

„Erzähle mir etwas über Kambodscha", forderte Dschasu, „und über seine Herrscherin, die Prinzessin Sukrita."

„Kambodscha ist ein schönes und reiches Land. In seinen Wäldern leben viele Raubtiere und Wild, seine Gewässer wimmeln von Fischen und anderen Wassertieren, seine Berge sind reich an edlen Metallen und Steinen, seine Felder bringen eine üppige Reisernte, und auch andere Früchte gedeihen dort in großer Zahl und Mannigfaltigkeit. Doch kein einziger Fremdling hat bisher die Prinzessin Sukrita erblickt, denn gleich am Ufer des Meeres trifft ihn der Tod. Der Sandstrand von Kambodscha ist mit den Gebeinen derjenigen bedeckt, die es gewagt haben, um die Prinzessin anzuhalten, und ihre Knochen sind vom salzigen Wasser des Meeres und den brennenden Strahlen der Sonne gebleicht." So sprach Hunu.

Da fragte Dschasu: „Ist die Prinzessin Sukrita schön und liebreizend?"

„Sie steht in der schönsten Blüte ihrer Jugend", lautete die Antwort, „und bloße Worte reichen nicht aus, ihre Schönheit zu beschreiben. Sie ist zart wie die Bananenknospe, in ihren Augen leuchten die Sterne."

„Wie könnte ich sie erblicken?" fragte Dschasu weiter.

„Du wirst sie nicht erblicken, bevor du nicht ihren Wächter, den riesigen

Tiger Wjaghra, überlistet und überwunden hast, der so scharfe Augen, ein so feines Gespür und solch ein vollkommenes Gehör hat, daß er jeden Fremdling schon von Ferne bemerkt, der sich nur der kambodschanischen Küste nähert", erwiderte Hunu mit ihrem feinen Stimmchen. „Am Tage schläft er in einer großen Höhle unter dem Schloß der Prinzessin Sukrita, aber nachts jagt er am Ufer und zerreißt jeden, den er antrifft. Er ist stark wie ein Elefant, und sein Brüllen dröhnt wie der Donner Indras, wenn er am zornigsten ist. Und überdies", fuhr Hunu fort, „wirst du mit den vier älteren Brüdern der Prinzessin kämpfen müssen, die sich in Seeadler verwandeln können."

Dann schwieg Hunu und schloß wieder ihre Augen. Dschasu legte sie in ihr Bambusgehäuse und träumte von der liebreizenden Prinzessin Sukrita.

Noch vor dem Morgengrauen näherte sich das Boot mit den acht Prinzen dem kambodschanischen Ufer. Der gewaltige Tiger brüllte auf, die vier Brüder der Prinzessin verwandelten sich sogleich in vier Seeadler und flogen pfeilgeschwind dem Ufer zu. Sie erblickten das Boot mit Dschasu und seinen Brüdern, kehrten zur Prinzessin Sukrita zurück und sagten zu ihr: „Unserer Küste nähert sich ein Boot mit acht Männern an Bord. Was sollen wir tun?"

„Fragt jene Fremdlinge", erwiderte die Prinzessin, „ob sie mit guten oder bösen Absichten kommen. Kommen sie mit guten, so fordert sie auf, unsere Küste wieder zu verlassen; kommen sie aber mit bösen, so soll es ihr Verderben sein."

Die Seeadler kehrten ans Ufer zurück und sprachen die Brüder, die ihr Boot schon verlassen hatten, an: „Warum seid ihr hierhergekommen, Fremdlinge? Habt ihr Gutes oder Böses im Sinn?"

Dschasu erkannte sofort, daß dies die älteren Brüder der Prinzessin Sukrita waren, und flüsterte deshalb seinen Brüdern zu: „Seid freundlich zu ihnen, damit alles gut ausgeht!"

Der älteste Bruder aber fuhr ihn an: „Sprich nicht dazwischen! Du bist der jüngste und willst am klügsten sein! Schweig und lasse mich verhandeln!" Dann entgegnete er den Seeadlern grob: „Was geht das euch an. Wir kamen, weil wir es wollten, und wir werden auch weiterhin tun, was wir wollen." Und warf einen Stein nach ihnen.

Die Adler krächzten zornig, stießen in die Höhe und verschwanden. Im Schloß erzählten sie der Prinzessin: „Diese Fremdlinge kamen mit bösen Absichten, denn sie haben einen Stein nach uns geworfen."

Da ergriff Sukrita ihre lange, Blitze schleudernde Lanze und lief zum Ufer hinab, um die frechen Eindringlinge zu bestrafen.

Dschasu nahm heimlich seine Zauberfigur zur Hand. Als sie auf das Sprüchlein hin ihre Augen öffnete, fragte er sie: „Jetzt droht uns sicheres Verderben. Was soll ich tun?"

Hunu antwortete: „Spring sofort ins Wasser und tauche unter, damit du nicht zu sehen bist, denn die erzürnte Prinzessin wird mit ihrer Lanze alle deine Brüder töten und euer Boot zerstören. Dich aber wird sie nicht sehen, und so bist du gerettet."

Dschasu befolgte flink ihren Rat — und schon war Prinzessin Sukrita zur Stelle — ein liebreizendes, doch überaus erzürntes Mädchen, die Herrscherin Kambodschas; ihr Arm schwang die schreckliche, Blitze schleudernde Lanze. Damit erschlug sie Dschasus Brüder und zerstörte auch das Boot. Dann kehrte sie in ihr Schloß zurück und sprach zu ihren Brüdern: „Wjaghra hat gut gewacht, und auch ihr habt gut aufgepaßt. Dafür danke ich euch; doch seid auch weiterhin auf der Hut, denn Fremdlinge bringen selten etwas Gutes!"

Dschasu, der Prinzessin Sukrita nicht erblickt hatte, tauchte aus dem Wasser empor und trat wieder ans Ufer. Und wieder brüllte der schreckliche Tiger Wjaghra fürchterlich auf, obwohl er schlief.

Da rief Prinzessin Sukrita überrascht: „Nanu, was soll das bedeuten? Sicher habe ich nicht alle Fremdlinge getötet und einer hat sich in der See versteckt! Oder träumt Wjaghra und brüllt nur im Schlaf?" Doch dann bat sie ihre vier Brüder, ans Ufer zu fliegen und festzustellen, ob etwa noch ein Fremdling dort sei.

Dschasu hörte das schreckliche Brüllen des Tigers und fragte Hunu, seine hölzerne Zauberfigur, was er beginnen solle.

„Dein Rubin kann dir hier nicht helfen", sprach sie, „denn er wirkt nur auf Tiere, die laufen, fliegen oder schwimmen, nicht aber auf menschliche Wesen, und seien sie auch in Seeadler verwandelt. Würdest du die Brüder der Prinzessin töten, könnte sie dir dies niemals verzeihen und dir ihre Liebe schenken. Hier kann nur eine List helfen. Ich werde dir die Namen der Brüder verraten, und wenn du sie damit ansprichst, so werden sie überrascht sein und nicht wagen, dich anzugreifen. Gib also gut acht und merke dir, Sukritas Brüder heißen Dam, Daman, Damanan und Damananan. Wiederhole die Namen, denn wenn du auch nur einen einzigen vergäßest, erginge es dir schlecht!"

„Dam, Daman, Damanan, Damananan", wiederholte Dschasu fehlerlos, und Hunu schloß wieder ihre Augen und erstarrte.

Kaum hatte sie der Prinz in ihr Bambusrohr gelegt, da rauschten über ihm die vier Flügelpaare der Seeadler. Ihre scharfen Schnäbel waren direkt auf Dschasu gerichtet, um ihm die Augen auszupicken und den Schädel zu zerhacken. Dschasu erbebte, doch er überwand seinen Schreck und rief: „Ich grüße dich, Dam, und ich grüße auch Daman, Damanan und Damananan! Ich komme nicht mit bösen Absichten!" Und er breitete weit die Arme aus, damit die Adler sehen konnten, daß er waffenlos war.

Die Seeadler fingen ihren Sturzflug ab und kreisten langsam über Dschasu.

Dann sprach der älteste mit menschlicher Stimme: „Wer bist du, Fremdling, daß du unsere Namen weißt, die außer uns nur unsere Schwester, die Prinzessin und Herrscherin von Kambodscha, kennt? Wo kommst du her, und was suchst du hier?"

„Ich heiße Dschasu und kam mit meinen Brüdern aus dem Königreich unseres Vaters, das in einem Lande weit im Westen, an den Ufern des Mahanadi-Flusses liegt. Das Schicksal bestimmte mir eure Schwester Sukrita zur Frau, und deshalb bin ich hierhergekommen", antwortete ihnen der Prinz aufrichtig.

Die Seeadler waren sehr überrascht und meinten zueinander: „Es ist nur gut, daß wir ihm nichts zuleide getan haben. Sicher ist er ein mächtiger Herrscher, der allerlei Zauberkünste versteht, denn er kennt ja nicht nur unsere Namen, sondern auch den unserer Schwester. Er ist vielleicht kein schlechter Gemahl für Sukrita, wer weiß, ob sie je einen besseren findet. Und wenn er ihr wirklich vom Schicksal bestimmt ist, dann können wir dagegen ohnehin nichts ausrichten. Kommt, nehmen wir unsere menschliche Gestalt an und sprechen wir mit ihm."

Und wie sie es gesagt hatten, so taten sie es. Sie überschlugen sich dreimal in der Luft, und schon standen vier große, kräftige Männer vor Dschasu, die einander ähnelten wie die Früchte desselben Baumes.

„Wir möchten uns bei dir für den schlechten Empfang entschuldigen, Dschasu, den wir dir bereitet haben", sprach der älteste Bruder zu ihm. „Doch du mußt wissen, daß unsere Erfahrungen mit Fremdlingen nicht die besten sind. Du scheinst ein guter Mensch zu sein, der nichts Böses im Schilde führt. Sicher wärst du ein passender Gemahl für unsere Schwester; doch wir müssen dich warnen. Sukrita ist sehr eigensinnig und tut ungern etwas, das sie nicht selbst beschlossen hat. Sei unserer Freundschaft und Unterstützung gewiß, doch bei deinen Verhandlungen mit unserer Schwester mußt du vorsichtig wie die Schlange und mißtrauisch wie der Rabe sein, solange du dich nicht überzeugen konntest, daß sie dich wirklich liebt."

Dschasu dankte den vier Brüdern und vereinbarte mit ihnen, am Ufer zu warten, bis sie Sukrita von dem Gemahl erzählt hätten, den das Schicksal ihr bestimmte. Später sollte er ins Schloß kommen und mit der Prinzessin reden. Sie verwandelten sich wieder in Seeadler und flogen zu Sukrita zurück.

Dschasu nahm indessen seine Hunu aus dem Bambusrohr und fragte die Figur, nachdem er sie erweckt hatte: „Was muß ich nun tun, damit alles gut endet? Wie soll ich mich verhalten?"

„Bis jetzt hast du alles gut, ja, ausgezeichnet gemacht, verdirb es nur nicht", sprach Hunu mit ihrem leisen Stimmchen. „Die Prinzessin Sukrita wird sich den Wünschen ihrer Brüder nicht so ohne weiteres unterwerfen wollen und sicher ihren Tiger Wjaghra gegen dich ausschicken. Diesen aber kannst du mit deinem

Zauberrubin leicht in Asche verwandeln. Schlimmer wird es sein, die Prinzessin zu gewinnen. Doch das lassen wir für später.“ Und sie schloß ihre Augen und erstarrte.

Inzwischen waren die Brüder ins Schloß geflogen und hatten wieder ihre menschliche Gestalt angenommen. Sogleich begaben sie sich zur Prinzessin und erzählten ihr, wie sie am Ufer des Meeres den jungen Fremdling Dschasu getroffen hatten, der mit seinen Brüdern aus einem fernen, westlichen Land im Boot zu ihnen gekommen war. Und der älteste Bruder fügte noch hinzu: „Und weil uns dieser Jüngling sehr gefällt und auch mächtige Zauberkünste beherrscht, haben wir ihn dir zum Gemahl erwählt. Es ist an der Zeit, daß du dich vermählst; und diesen Mann hat dir das Schicksal selbst bestimmt. Bald wird er kommen und sich vor dir verneigen.“

Prinzessin Sukrita schaute finster drein und rief empört: „Was höre ich? Ihr habt, ohne mich zu fragen, über mein Schicksal bestimmt? Ihr wollt mir einen Mann aufzwingen, den ich nicht einmal kenne?“

Die Brüder erwiderten kein Wort und waren betreten. Doch dann überlegte die Prinzessin, daß sie sich des Fremdlings am sichersten durch eine List entledigen könne, und sagte deshalb freundlich lächelnd zu ihren Brüdern: „Aber eigentlich habt ihr nicht unrecht, liebe Brüder! Wenn der Jüngling wirklich so ist, wie ihr ihn mir geschildert habt, dann werde ich ihn gern zum Gemahl nehmen. Ruft also die Dienerschaft zusammen und befehlt ihr, ein festliches Verlobungsessen anzurichten!“

Da freuten sich die Brüder und eilten, Sukritas Wunsch nachzukommen. Die Prinzessin aber lief schnell zur Höhle ihres schrecklichen Tigers Wjaghra, der zu dieser Tageszeit in tiefem Schlafe lag. Er schnaufte und schnarchte, und die Prinzessin kraulte ihn: „Mein Tiger, du mein einziger treuer Wächter! Erwache und errette mich! Meine Brüder wollen mich vermählen, nur auf dich kann ich mich verlassen!“ Doch der Tiger schlief weiter und ließ sich nicht stören. Da richtete sich Sukrita auf, nahm einen scharfen Stein und warf ihn dem Tiger mit aller Kraft direkt auf die Schnauze. Wjaghra erwachte, brüllte auf, und die Prinzessin befahl ihm eilig: „Lauf zum Ufer, schnell! Dort weilt ein Fremdling. Zerreiße ihn und rette mich vor ihm!“

Da sprang der Tiger in mächtigen Sätzen zum Ufer hinab. Aus der Schnauze schlugen ihm Flammen, seine Augen schleuderten Blitze, und seine Schwanzquaste zuckte wütend hin und her. Die Prinzessin lief aus der Höhle und rief ihm nach: „Und zerreiße ihn! Töte ihn! Vernichte ihn!“

Als Dschasu den Tiger heranstürmen sah, nahm er schnell seinen Zauberrubin aus dem Bambusrohr, umschloß ihn fest mit der Hand — und der furchtbare Tiger brüllte zum letzten Mal auf und zerfiel dann zu einem Häuflein Asche.

Nun begab sich der Prinz zu Sukrita ins Schloß. Die Prinzessin stand am Tor und erwartete die Rückkehr ihres Tigers, doch wie erstaunte sie, als statt seiner ein fremder Jüngling erschien, dem nicht die geringsten Spuren eines Kampfes anzusehen waren. Sukrita unterdrückte ihren Zorn und Unmut und ging ihm entgegen. Hinterlistig begrüßte sie ihn mit freundlicher Stimme und lud ihn zu dem Verlobungsschmaus ein. Sie hatte eine List ersonnen. Heimlich nahm sie ein kleines Fläschchen mit einem starken Gift und goß seinen Inhalt in das Getränk, das an Dschasus Platz an der Festtafel stand. Die Prinzessin glaubte, daß alles nach ihrem Wunsch gehen werde, und freute sich darüber sehr.

Sie setzte sich und lud Dschasu ein, neben ihr Platz zu nehmen. Zu ihren beiden Seiten ließen sich auch die vier Brüder nieder. Sukrita erhob ihren Pokal und sprach: „Ich begrüße dich, Dschasu, mein Prinz aus dem fernen Lande des Westens. Ich möchte mit dir auf deine Gesundheit anstoßen!"

Dschasu erinnerte sich der Worte, die ihm Hunu zuletzt gesagt hatte, und erwiderte: „Auch ich grüße dich, Prinzessin Sukrita, meine mir vom Schicksal bestimmte Gemahlin, und auch ich will auf deine Gesundheit trinken. Doch erst sage mir aufrichtig, ob mein Getränk kein Gift enthält. Wie auch deine Antwort lauten möge, ich leere den Kelch, denn wenn du meinen Tod wünschst, gibt es für mich ohnehin kein Leben mehr, auch wenn ich nicht sterben sollte. Aber ich möchte es vorher wissen."

„Du darfst beruhigt sein, mein Prinz! Es ist kein Gift im Becher", sagte Sukrita, doch sie log.

Da hob Dschasu den Pokal an seine Lippen und wollte trinken, aber im selben Augenblick stieß ihm die Prinzessin den tödlichen Trank aus der Hand, entschuldigte sich für ihre Ungeschicklichkeit und reichte ihm einen leuchtend roten Granatapfel mit den Worten: „Nimm lieber etwas Obst, mein lieber Dschasu! Jetzt erst erkenne ich, daß du wirklich der Mann bist, den mir das Schicksal zum Gemahl bestimmt hat." Und dabei umfaßte sie ihn zärtlich und küßte ihn. Da erkannte Dschasu, daß Prinzessin Sukrita ihn wirklich liebte, und alle seine Befürchtungen verschwanden.

Und es dauerte nicht lange, da feierten sie im Schloß eine prunkvolle Hochzeit. Das Volk im ganzen Lande sprach noch viele Jahre von dieser Hochzeit, denn weder vorher noch nachher hatten sie ein ähnliches Fest erlebt.

So gewann Prinz Dschasu die Prinzessin Sukrita und wurde König von Kambodscha. Doch ständig fühlte er Trauer um seine verlorenen Brüder. Da hatte er in einer stillen, warmen Frühlingsnacht einen eigenartigen Traum. Er sah seine sieben Brüder vom Ufer her auf ihn zuschreiten; sie verneigten sich tief vor ihm und falteten zum Gruß die Hände vor der Stirn. Dann ließen sie sich zu seinen Füßen nieder, und der Älteste sprach: „Bruder und König, wir haben uns schwer gegen dich versündigt. Unsere Gedanken waren von Stolz und Haß verfinstert, und das hat uns ins Verderben gestürzt. Wir sind gekommen, um dich um Vergebung zu bitten, denn sonst kann unsere Seele keine Ruhe finden. Vergib uns, Bruder!"

Und Dschasu erwachte. Sein Leid und die Sehnsucht nach den erschlagenen Brüdern wuchsen immer mehr an. Schließlich erinnerte er sich der Worte seiner Urgroßmutter über den alten Zauberer Jamrup und das Lebenswasser, und er war fest davon überzeugt, seine Brüder zum Leben erwecken zu können.

Gleich nahm er seine hölzerne Zauberfigur zur Hand und sprach:

„Hunu, höre mich,
Hunu, schau auf mich,
Hunu, berate mich!"

Die kleine Figur erbebte leicht, öffnete die Augen und fragte mit ihrem zarten Stimmchen: „Was verlangst du, Herr?"

„Sage mir", forderte Dschasu, „wo entspringt das Wasser des Lebens, wo ist die Quelle, an der der alte Zauberer Jamrup lebt?"

„Das ist sehr weit von hier entfernt", antwortete Hunu. „Das Lebenswasser entspringt im tiefsten Abgrund des tiefsten Tals hinter den vier Dschungeln, den sechs Flüssen und den acht Bergen gen Mitternacht. Dort lebt der Zauberer Jamrup. Er ist vom Alter gebeugt. Immer um Mitternacht streckt Jamrup seinen Arm der Quelle entgegen, und aus dieser erhebt sich eine helle Kokosschale, die mit dem Lebenswasser gefüllt ist. Diese Schale nimmt Jamrup an sich und gibt sie niemandem. Wenn du das Wasser des Lebens gewinnen willst, um deine Brüder mit seiner Hilfe zum Leben zu erwecken, dann mußt du ihn überlisten. Jamrup hat zwei Bedienstete, Nand ist sein Wächter, und Nanda hütet ihm das Feuer. Auch diese mußt du überlisten."

„Nand und Nanda sind Bruder und Schwester meiner Urgroßmutter", entgegnete Dschasu.

„Dann werden sie dir, wegen eurer Blutsbande, behilflich sein", erwiderte Hunu, und dann schloß sie ihre Augen und erstarrte wieder.

Dschasu konnte kaum den Morgen erwarten. Als die Sonne über den Horizont stieg, erzählte er seiner Gemahlin Sukrita seinen Traum und daß er sich entschlossen hätte, in den tiefsten Abgrund des tiefsten Tals hinter den vier Dschungeln, sechs Flüssen und acht Bergen hinabzusteigen und dem Zauberer Jamrup die Schale mit dem Lebenswasser zu entwenden, um seinen Brüdern wieder das Leben schenken zu können. Sukrita begann zu weinen, umarmte Dschasu und beschwor ihn: „Gehe nicht in eine so schreckliche Ferne, du wirst dort ums Leben kommen, und dann sterbe auch ich vor Leid! Du darfst mich nicht allein lassen!"

„Weine und klage nicht, Sukrita“, tröstete sie Dschasu zärtlich und streichelte ihre langen Haare. „Es hilft nichts, denn ich bin fest entschlossen, meine Brüder wieder zum Leben zu erwecken. Ich werde gleich gehen, denn je früher ich gehe, desto früher kehre ich zurück. Gib gut auf dich acht, denn wenn dir etwas zustoßen würde, überlebte ich es nicht.“ Und dann verabschiedete er sich von Sukrita und ihren vier Brüdern, denen er seine Gemahlin besonders anvertraute, und ging davon. Mit sich nahm er nur das Geschenk seiner Urgroßmutter, das Bambusrohr mit den drei Zaubergaben.

So wanderte er unentwegt, bis er die vier Dschungel durchquert, die sechs Flüsse durchwatet und die acht Berge überstiegen hatte. Seinen Hunger und Durst stillte er mit dem grünen Betelblatt aus seinem Bambusrohr. Endlich lag das tiefste Tal vor ihm und darin der tiefste Abgrund. An dessen Rand stand ein großer, kräftiger Alter mit einer Zauberlanze in der Faust und bewachte es.

Als er nahe genug herangekommen war, richtete der Alte die Spitze seiner Waffe auf Dschasu und sprach mit strenger Stimme, die wie das Krächzen eines ganzen Geierschwarms klang: „Wer bist du, Jüngling, und was suchst du hier?“

„Ich bin Dschasu, der Sohn des Königs von Gond und ein Urenkel deiner Schwester, und du bist sicher Nand. Ich soll dir von meiner Urgroßmutter einen schwesterlichen Gruß ausrichten“, antwortete Dschasu und begrüßte den Alten, indem er sich tief vor ihm verneigte und die Hände vor der Stirn faltete.

„So?“ wunderte sich Nand. „Dann muß ich dich mit Rücksicht auf unsere Blutsbande ziehen lassen, wohin du willst, und sei es in den tiefsten Abgrund hier. Doch für dich tue ich es gern.“ Und dann meinte er noch: „Sicher willst du dir das Lebenswasser holen. Aber ob dir dein Vorhaben gelingt oder nicht — gib bei deiner Rückkehr acht, daß du nicht über die Wurzel des heiligen Feigenbaums stolperst, denn sonst würde der Zauberer vom Rauschen ihrer Blätter erwachen und dich für deinen Raub mit dem Tode bestrafen!“

Dschasu bedankte sich bei Nand für den Rat und stieg in den Abgrund hinab. Als er unten angelangt war, schaute er sich um und erblickte eine große, kräftige Alte mit einem Beil in der Hand.

Kaum sah ihn die Alte, da erhob sie das Beil und fragte mit strenger Stimme, die wie das Krächzen eines ganzen Rabenschwarms klang: „Wer bist du, Jüngling, und was suchst du hier?“

„Ich bin Dschasu, der Sohn des Königs von Gond und ein Urenkel deiner Schwester, und du bist sicher Nanda. Ich soll dir von meiner Urgroßmutter einen schwesterlichen Gruß ausrichten“, antwortete Dschasu und begrüßte die Alte, indem er sich tief vor ihr verneigte und die Hände vor der Stirn faltete.

„So?“ wunderte sich Nanda. „Dann muß ich dir mit Rücksicht auf unsere Blutsbande bei allem helfen, was du wünschst, und sei es, die Schale mit dem

Lebenswasser zu gewinnen. Doch für dich tue ich es gern.“ Dann legte sie das Beil aus der Hand und fuhr fort: „Verhalte dich ganz leise, damit du den Zauberer Jamrup, der an der Quelle schlummert, nicht aufweckst, denn er würde dich mit dem Tode bestrafen!“

Sie umarmte Dschasu und hieß ihn, neben der Feuerstelle Platz zu nehmen. Dann nahm sie eine Handvoll kalter Asche und schwärzte sich damit beide Arme bis hinauf zu den Schultern. Dschasu schaute unterdessen interessiert zu, was Nanda machte. Diese näherte sich ganz leise der Quelle, und weil es gerade Mitternacht war, streckte sie ihre Arme über der Oberfläche des Wassers aus. Der Wasserspiegel bewegte sich leicht, und dann hoben zwei zarte Hände, die den Knospen der Lotosblüte glichen, die Kokosschale mit dem Lebenswasser aus der Quelle empor. Nanda ergriff sie schnell und entfernte sich leise. Der Zauberer Jamrup schlummerte ruhig weiter. Nanda überreichte die Schale mit dem kostbaren Inhalt Dschasu und flüsterte ihm zu: „Eile schnell fort, ehe Jamrup erwacht. Bleib gesund, und glückliche Heimkehr!“

Der überglückliche Dschasu dankte Nanda und sprach: „Du hast mir geholfen, meine sieben Brüder zu erlösen. Nun kann ich ihnen das Leben wiedergeben, und ich werde dir dafür bis an mein Lebensende dankbar sein.“ Dann verneigte er sich vor Nanda und stieg, so schnell er konnte, aus dem tiefsten Abgrund wieder empor.

Als er schon fast die Talsohle erreicht hatte, trat er fehl; und da er bemüht war, keinen einzigen Tropfen des kostbaren Lebenswassers zu vergießen, stolperte er über die Wurzel des heiligen Feigenbaums. Seine Blätter rauschten, der Zauberer Jamrup erwachte aus seinen Träumen und rief aus der Tiefe herauf: „Nand, was geht dort vor?“

Nand sah, daß Dschasu gestolpert war, doch er antwortete: „Ach, nichts weiter, nur ein wilder Keiler lief vorbei und stieß gegen die Wurzel!“ Der Zauberer schenkte ihm Glauben und fragte nicht weiter.

Darüber war Dschasu sehr froh. Er dankte Nand und sprach: „Du hast mir geholfen, meine sieben Brüder zu erlösen. Nun kann ich ihnen das Leben wiedergeben, und ich werde dir dafür bis an mein Lebensende dankbar sein.“ Er verneigte sich vor Nand und eilte, so schnell er konnte, aus dem tiefsten Tal fort.

Den Weg über die acht Berge, durch die sechs Flüsse und vier Dschungel legte er so schnell zurück, daß er in kurzer Zeit wieder bei seiner Gemahlin war. Als die Prinzessin Dschasu gesund und munter vor sich sah, wußte sie vor Freude nicht, was sie machen sollte. Sie lachte und weinte zugleich, tanzte, sprang umher und küßte und streichelte ihren lieben Gemahl unaufhörlich.

Doch auch die längste Begrüßung muß einmal enden, und so ging Dschasu

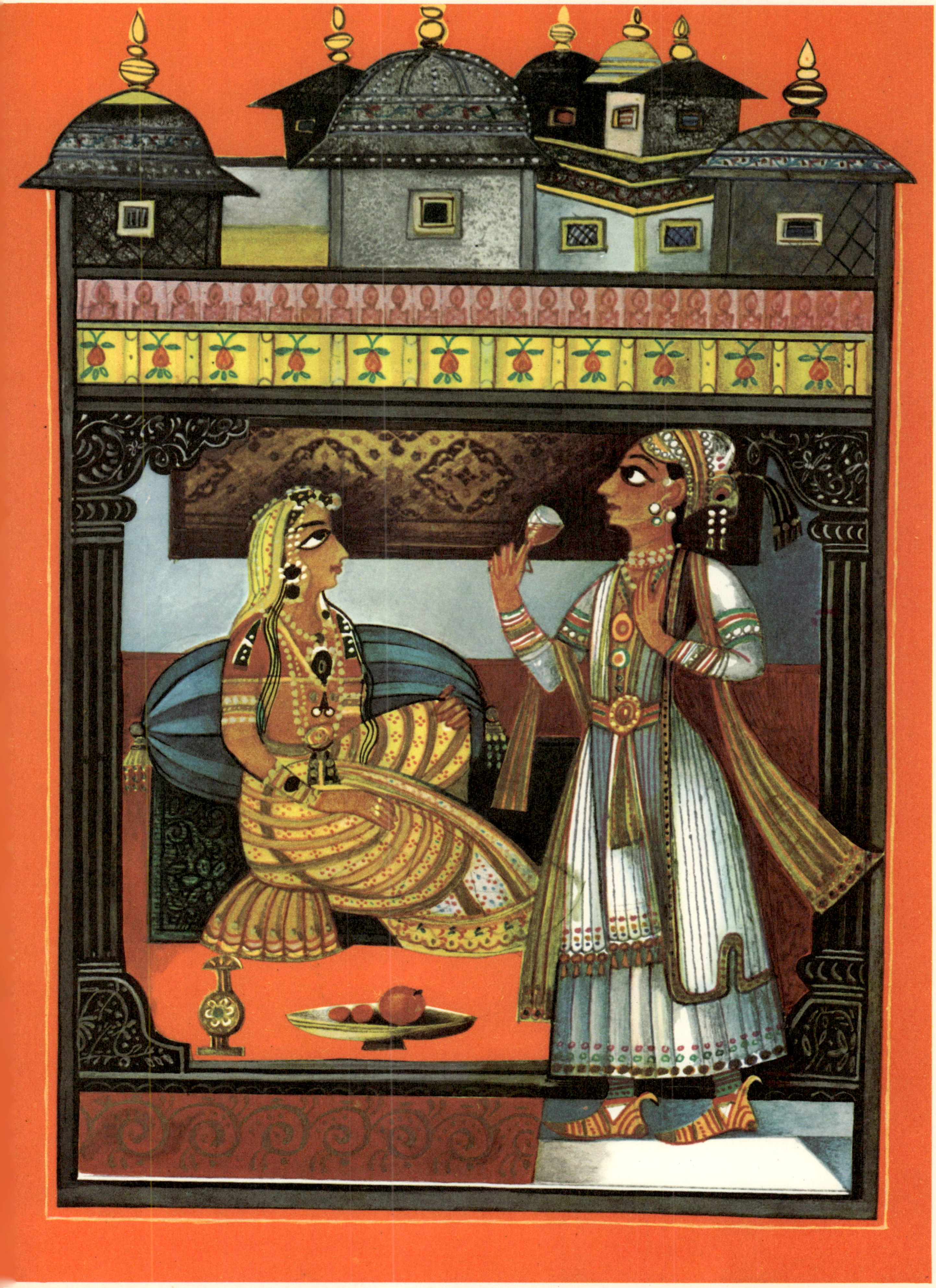

schließlich ans Ufer des Meeres, wo die Gebeine seiner sieben Brüder lagen. Er besprengte sie mit dem Lebenswasser, und im selben Augenblick standen die Brüder lebendig und gesund vor ihm, wie er sie zuletzt gesehen hatte, bevor er sich vor der zornigen Prinzessin im Meer verbergen mußte.

Die Brüder falteten ihre Hände vor der Stirn und verneigten sich vor Dschasu. Dann sprach der Älteste: „Wir danken dir, jüngster Bruder, daß du uns vergeben hast, was wir dir angetan haben. Wir danken dir, daß du uns unser Leben wiedergeschenkt hast. Nun wissen wir, daß du zwar der jüngste, aber der klügste und mutigste von uns allen bist." Dschasu begrüßte seine Brüder mit aufrichtiger Freude und führte sie dann in sein Schloß hinauf, damit sie auch seine Gemahlin Sukrita und deren vier Brüder begrüßen konnten. Es gab ein großes Festessen. Alle waren froh und glücklich und versicherten sich immer wieder ihrer gegenseitigen Freundschaft und Liebe.

Als das Fest zu Ende war, bestiegen sie alle ein großes Boot und fuhren nach Westen ins Königreich Gond. Der alte König und die weise Urgroßmutter waren sehr glücklich, daß alle acht Brüder in Eintracht zurückkehrten, und daß sich Dschasu eine liebreizende Gemahlin und vier Schwager mitgebracht hatte.

Der alte König übergab, wie schon lange beschlossen, die Herrschaft an Dschasu, so daß dieser jetzt zwei Königreiche regierte. Und er herrschte immer ein Jahr in Gond und das andere in Kambodscha; doch während seiner Abwesenheit vertraten ihn abwechselnd und einträchtigen Sinnes seine sieben Brüder und vier Schwager.

Tausende Sterne leuchteten am dunklen Himmel, und die Fledermäuse taumelten lautlos durch die Luft. Der fahrende Sänger griff zu seiner Iktar und spielte ein kurzes Lied. Dann sang er:

„Ist auch das Märchen trügerisch,
ein Körnchen Wahrheit birgt's in sich.
Was ist Wahrheit, was ist Schein —
finden mußt du es allein."

Und er begann ein neues Märchen.

# Vom braven Elefanten

Im Urwald des Himalaja lebte einmal ein großer weißer Elefant mit langen Stoßzähnen. Er war schon alt und deshalb sehr weise und erfahren; doch all seine Erfahrungen, ob gute oder schlechte, hatten ihm seine Güte und Freundlichkeit nicht nehmen können. Der weise weiße Elefant wußte wohl, daß jede böse Tat eine weitere in sich birgt, und deshalb begegnete er jedem lebendigen Geschöpf freundlich und liebenswürdig. Alle Tiere hatten ihn gern, und wenn sie einmal nicht weiterwußten, baten sie ihn um seinen Rat, und damit waren sie nie schlecht gefahren.

Früher einmal war der Elefant der Führer aller Himalaja-Elefanten gewesen, doch weil unter der Herde Neid, Bosheit und Schlechtigkeit um sich griffen, hatte er sie verlassen und lebte nun ein einsames Leben, wobei er viel Zeit mit Grübeln und frommen Betrachtungen verbrachte und jedem gern Rat und Hilfe erteilte, der ihn darum bat. Und darum nannten ihn die Tiere den freundlichen Elefantenkönig.

Einmal geschah es, daß sich ein Mensch in den Urwald des Himalaja verirrte.

In dem Dickicht der Bäume, Sträucher und Pflanzen hatte er die Richtung verloren und irrte nun hierhin und dorthin, drehte sich dabei im Kreise, rang die Hände, klagte und rief laut um Hilfe.

Die Klagerufe des verirrten Menschen hörte der weiße Elefant. Er beschloß, ihm zu helfen. Als der Mensch den Elefanten auf sich zustampfen sah, fürchtete er sich und floh vor ihm. Der weiße Elefant blieb stehen, und als der Mensch das sah, blieb auch er stehen. Als sich jedoch der weiße Elefant wieder in Bewegung setzte, floh er von neuem. Da blieb der weiße Elefant wieder stehen, und als der Mensch das merkte, dachte er sich: „Dieser weiße Elefant bleibt immer stehen, wenn er sieht, daß ich vor ihm fliehe. Sicher will er mir nichts tun, denn sonst hätte er mich längst einholen können. Ich werde also hier auf ihn warten."

Als der weiße Elefant den Menschen erreicht hatte, fragte er ihn: „Mensch, warum schreist du so kläglich?"

Der Mensch erwiderte: „Ich habe mich hier im Urwald verirrt und weiß nicht, wie ich wieder hinausfinden soll. Ich fürchte, daß ich hier sterben muß."

„Fürchte nichts", sagte der weiße Elefant freundlich, „ich werde dir den rechten Weg zeigen, der dich wieder zu den anderen Menschen führt." Und er nahm ihn vorsichtig mit seinem Rüssel auf, setzte ihn auf seinen Rücken und lief mit ihm davon. Der Mensch blickte sich neugierig um, prägte sich alle Berge und Hügel, alle Berge und Flüsse gut ein, über die ihn der weiße Elefant durch den Urwald zu den Menschen trug, und dachte bei sich: „Das muß ich alles meinen Freunden und Bekannten erzählen."

Als sie ihr Ziel erreicht hatten, setzte ihn der weiße Elefant ab und sprach: „So, Mensch, hier ist dein Weg. Wenn du in dieser Richtung immer weitergehst, kommst du nach Banaras. Geh nun in Frieden, doch um eins bitte ich dich. Sage niemandem, was du erlebt hast und wie ich dir geholfen habe, auch wenn dich die Leute danach fragen sollten." Und dann verabschiedete er sich von dem Menschen und kehrte in den Urwald zurück.

Doch der undankbare, boshafte Mensch mißachtete den Wunsch des weißen Elefanten. Sobald er Banaras erreicht hatte, ging er gleich zu den Handwerkern, die aus Elfenbein die schönsten Dinge herstellen, und fragte sie: „Was würdet ihr mir für zwei große Stoßzähne eines lebenden Elefanten geben?"

„Was fragst du nur", antwortete ihm der älteste Meister, „die Stoßzähne eines lebenden Elefanten sind doch hundertmal wertvoller als die eines toten! Bringe sie nur, und du wirst sehen, wie gut wir bezahlen."

Da sagte der böse Mensch: „Ich werde sie bringen." Und er nahm eine Säge und kehrte in den Urwald des Himalaja zurück, dorthin, wo der weiße Elefant lebte. Als er den Menschen kommen sah, fragte er ihn: „Mensch, warum kommst du von neuem hierher? Was führt dich wieder in den Urwald?"

„Die Not führt mich her, weißer Elefant", antwortete er scheinheilig. „Ich habe nichts zu essen. Gib mir einen deiner Stoßzähne, ich werde ihn in Banaras verkaufen und kann mir dann etwas kaufen."

Der weiße Elefant war von dieser Forderung überrascht, doch sprach er: „Nun gut, wenn du etwas zum Abfeilen hast, will ich dir einen meiner Stoßzähne geben."

„Ich habe eine Säge mitgebracht", sagte der habgierige Mensch.

Und so legte sich der weiße Elefant nieder und ließ sich einen Stoßzahn absägen. Doch der schlechte Mensch sagte: „Lieber Elefant, gib mir auch deinen anderen Stoßzahn. Die beiden Stoßzähne gehören doch zusammen, und ich werde nicht von neuem kommen müssen, wenn das Geld für den einen Stoßzahn verbraucht ist!"

Das dreiste Betragen des Menschen überraschte den weißen Elefanten wirklich sehr, aber dennoch erlaubte er ihm, auch seinen zweiten Stoßzahn abzusägen. Dann sprach er sanft: „Glaube nicht, Mensch, daß ich meine Stoßzähne nicht vermissen werde. Doch wenn dir mein Elfenbein von Nutzen sein kann, so nimm es und verkaufe es."

Der undankbare Mensch nahm die Stoßzähne und ging davon, ohne dem weißen Elefanten auch nur ein einziges Wort des Dankes zu sagen. Er verkaufte sie für einen hohen Preis bei den Handwerkern, und es dauerte nicht lange, da war von dem Geld nichts mehr übrig. Da machte er sich von neuem auf und ging wieder zu dem freundlichen weißen Elefanten in den Urwald des Himalaja. Und er sagte ihm: „Weißer Elefant, deine Stoßzähne hab' ich verkauft, aber das Geld ist alle. Wieder bin ich in Not und habe nichts zu essen. Gib mir noch die Stümpfe deiner Stoßzähne, damit ich auch sie verkaufen kann."

Auch das erlaubte ihm der weiße Elefant, denn er sagte sich, wenn er dem Menschen schon seine Stoßzähne gegeben habe, so könne er ihm ruhig auch die Stümpfe lassen. Und der Mensch sägte auch die Stümpfe ab und ging wieder ohne Dank fort. Doch auch das Geld für die verkauften Stümpfe war bald zerronnen, so daß sich der habgierige Mensch zum dritten Male in den Urwald des Himalaja aufmachte.

Als er den weißen Elefanten traf, sagte er: „Du hast mir deine Stoßzähne und ihre Stümpfe gegeben, so gib mir nun auch noch ihre Wurzeln, damit ich auch sie verkaufen kann."

Der freundliche weiße Elefant dachte bei sich, daß wohl auch die Wurzeln der Stoßzähne zu diesen gehörten, und er legte sich auf die Seite, um dem bösen Menschen zu erlauben, ihm auch noch die Wurzeln zu nehmen. Der Mensch stieg dem weißen Elefanten auf den Kopf und grub an der Stelle, wo vordem die Stoßzähne gesessen hatten, so lange, bis er auch ihre Wurzeln ausgegraben hatte.

Dann nahm er sie ohne ein Wort zu verlieren und ging fort, um sie wieder mit hohem Gewinn an die Handwerker zu verkaufen.

Der weiße Elefant war von der Rücksichtslosigkeit des Menschen sehr erschüttert. Er blickte ihm traurigen Herzens nach und dachte dabei: „Und doch habe ich richtig gehandelt, als ich ihm alles gab, was er von mir forderte. Denn jede Tat hat ihre unausbleiblichen Folgen, jede Ursache hat ihre Wirkung, und jeder erntet, was er gesät hat."

Doch da ertrug die Mutter Erde, die die Last aller Gebirge und Meere, das Werden und Gewimmel aller Geschöpfe, die schrecklichsten Gewitter, Stürme und Wolkenbrüche erträgt, die Last der Habgier und des Undanks dieses Menschen nicht mehr: Sie öffnete sich direkt unter seinen Füßen und verschlang ihn in ihrem Schlund.

Die Dörfler hatten still gelauscht und kaum zu atmen gewagt. Nun nahm der fahrende Sänger seine Iktar zur Hand und spielte ein kurzes Lied. Dann sang er:

„Ist auch das Märchen trügerisch,
ein Körnchen Wahrheit birgt's in sich.
Was ist Wahrheit, was ist Schein —
finden mußt du es allein."

Und er begann ein neues Märchen.



*In Wada*

# Die vier Schätze

In einer Stadt lebten einmal vier Jünglinge, die gute Freunde waren. Sie waren sehr arm und haderten deshalb oft mit ihrem Schicksal: „Ach, was für ein elendes Leben müssen wir führen! Wer nichts hat, dem fehlt auch die Ehre, und alle verachten ihn. Vielleicht wären wir besser tot als arm!"

Als sie wieder einmal beisammensaßen und überlegten, was sie wohl tun könnten, um zu etwas Gut und Geld zu kommen, sprach einer von ihnen: „Ich kenne einen heiligen Mann, der allerlei Zauberkünste beherrscht. Laßt uns zu ihm gehen, vielleicht kann er uns raten."

Die Freunde fanden den Vorschlag gut, und so verließen sie am nächsten Morgen ihre Heimatstadt und wanderten durch Gebirge, Dschungel und Wüsten, bis sie die liebliche Gegend Awanti erreichten. Dort gingen sie ans Ufer des klaren Sipra-Flusses und badeten in seinen heiligen Fluten. Danach betraten sie ein kleines Schiwa-Heiligtum und brachten dem Gott ein Opfer dar.

Vor dem Tempel trafen sie den heiligen Mann, den sie aufsuchen wollten. Sie begrüßten ihn sehr ehrerbietig und begleiteten ihn in seine Klause.

Dort fragte sie der Mönch: „Wo kommt ihr her? Wohin wollt ihr gehen?"

Die Freunde antworteten: „Wir sind vier arme Jünglinge und wissen nicht, wie wir unseren Hunger stillen sollen. Deshalb kamen wir zu dir, heiliger Mann, denn du kennst viele geheimnisvolle Zauber. Sicher kannst du uns raten, wie wir unsere Not bezwingen können. Wir sind zu allem bereit und fürchten uns vor nichts und niemandem. Bitte rate uns!"

Der heilige Mann nickte mit dem Kopf und erwiderte: „Es kommt darauf an, was ihr erreichen wollt. Wenn ihr einen festen Willen habt und einmal Beschlossenes auch durchsetzen könnt, dann erreicht ihr alles. Dafür braucht ihr keinen besonderen Rat."

Die Freunde entgegneten einhellig: „Einen festen Willen haben wir, und an

Entschlossenheit fehlt es uns auch nicht. Wir wollen reich werden, und deshalb sind wir zu dir gekommen."

„Nun gut", sprach der heilige Mann. „Wenn ihr entschlossen seid, reich zu werden, dann will ich euch helfen. Nehmt diese vier Zauberkugeln und wandert weiter nach Norden, bis zum Himalaja-Gebirge. Wessen Kugel auf die Erde fällt, der findet an der Stelle einen vergrabenen Schatz."

Die vier Freunde dankten ihm aufrichtig für die Kugeln und den guten Rat und verabschiedeten sich von dem heiligen Mann. Doch dieser ermahnte sie noch: „Aber habt gut acht! Lauft dem Reichtum nicht blindlings hinterher und vergeßt nicht, euren gesunden Verstand zu gebrauchen!"

Und dann zogen die vier Freunde zum Himalaja. Sie wanderten schon viele, viele Tage, bis sie die verschneiten Spitzen des Himalaja-Gebirges am Horizont erblickten. Da fiel plötzlich die Kugel des einen zur Erde.

„Ein Schatz!" rief er erregt. „Mir ist die Kugel entfallen, also muß an dieser Stelle ein Schatz sein!" Und er begann sogleich zu graben.

Es dauerte auch gar nicht lange, da fand er einen Tontopf voller Kupfermünzen. Er freute sich über seinen Fund und sprach: „Freunde, wir wollen das Geld teilen und dann nach Hause zurückkehren."

Die drei anderen aber lachten ihn aus und sprachen: „Was fällt dir ein! Kupfergeld hat doch wenig Wert. Wer will denn solch eine Last mit sich herumschleppen! Das soll dein Reichtum sein? Da wandern wir lieber noch ein Stückchen weiter!"

Und die drei Freunde setzten ihren Weg fort. Nach einiger Zeit entfiel die Kugel dem zweiten Jüngling. Er rief erfreut: „Wartet, hier ist mein Schatz!" Dann grub er und brachte einen großen Topf voller Silberlinge zu Tage.

Da sagte er zu den beiden anderen: „Teilen wir miteinander, Freunde, und kehren dann heim!"

„Du Narr!" erwiderten diese. „Nächstes Mal finden wir sicher Gulden! Wir werden doch jetzt noch nicht zurückkehren!"

Und beide gingen weiter. Als einem die Kugel entfiel, begann er an der Stelle zu graben und fand schließlich einen Topf voller Gulden. „Wir haben uns also nicht geirrt", sagte er zu seinem Freund. „Der heilige Mann beriet uns gut. Nun können wir die Gulden aufteilen und nach Hause zurückkehren."

Doch der Freund entgegnete: „Das ist Dummheit. Zuerst waren es Kupfermünzen, dann Silberlinge, und du hast nun Gulden ausgegraben. Auf mich warten sicher Perlen und Edelsteine! Ich werde weitersuchen, kehre du nur allein zurück."

Und der vierte ging und ging immer weiter und weiter. Er war schon sehr müde und der Durst quälte ihn, doch der Gedanke an seinen nahen Reichtum trieb ihn immer wieder voran und verlieh ihm neue Kräfte.

Schließlich sah er auf einem Hügel einen Mann stehen, auf dessen Kopf sich ein großes Rad drehte. Sein Gesicht war blutüberströmt und in unermeßlichem Schmerz verzogen. Unser Freund ging bis zu dem Mann und fragte ihn: „Warum stehst du hier mit dem sich drehenden Rad auf dem Kopf? Das muß dich doch schrecklich quälen!"

Doch kaum hatte er zu Ende gesprochen, da sprang das Rad auf seinen Kopf hinüber und drehte sich hurtig weiter. Der letzte der vier Freunde schrie erschrocken: „Was geschieht mir denn? Das tut doch weh! Wie kann ich dieses Rad wieder loswerden?"

Der Unbekannte antwortete: „Du wirst es so los, wie ich es los geworden bin: Wenn jemand, getrieben von dem Verlangen nach Perlen und Edelsteinen, mit der Zauberkugel hierherkommt und fragt, warum du hier mit dem sich drehenden Rad auf dem Kopf stehst."

„Aber die Schmerzen sind unerträglich!"

„Du wirst die Schmerzen aushalten. Du mußt sie aushalten, denn es bleibt dir nichts anderes übrig", erwiderte der Unbekannte. „Wenn du hier so lange stehen mußt, wie ich, bevor du kamst, dann wirst du begreifen, daß Wissen ohne Verstand ins Verderben führt. Menschen ohne Verstand kommen um wie jene, die den Löwen ins Leben zurückriefen."

„Wie geschah denn das?" fragte der vierte der Freunde.

Und der Unbekannte erzählte:

„Es waren einmal vier Weise. Drei kannten sich in allen gelehrten Büchern aus, der vierte aber richtete sich immer nach seinem gesunden Menschenverstand und seinen eigenen Überlegungen. Einmal unternahmen sie gemeinsam einen Spaziergang und erblickten dabei die sonnengebleichten Knochen eines Tieres. Da sprach der erste: ‚Hier haben wir eine Möglichkeit, unser Wissen und unsere Geschicklichkeit zu überprüfen. Ich kann diese Knochen zusammenfügen.' Und er fügte sie zusammen. Da sprach der zweite: ‚Und ich kann den Knochen Fleisch, Sehnen, Blut und eine Haut hinzufügen.' Und er tat es. Da sprach der dritte: ‚Und ich kann das Tier zum Leben erwecken.' Der vierte jedoch hatte in dem Tier bereits einen Löwen erkannt und rief: ‚Warte damit wenigstens, bis ich auf diesen Baum gestiegen bin!' Als der vierte Weise bis in die Spitze des Baumes hinaufgeklettert war, belebte der dritte Weise den Löwen — und dieser fraß alle drei auf. Dann trollte er sich von dannen. Nun stieg der vierte Weise vom Baum herab und ging unbehelligt nach Hause. Und deshalb behaupte ich, daß Wissen ohne Verstand ins Verderben führt."

Der unglückliche Mensch, der Perlen und Edelsteine gesucht hatte und nun die furchtbare Last des sich drehenden Rades tragen mußte, stöhnte vor Schmerzen und flüsterte: „Ja, ich sehe, du hast recht, ich hatte meinen Verstand und mein Urteilsvermögen verloren."

Dann ging der Unbekannte davon, und das Rad drehte und drehte und drehte sich unaufhörlich...

Der fahrende Sänger hatte seine Erzählung beendet, und die Einwohner von Wada gingen auseinander. Dabei unterhielten sie sich lebhaft über das eben Gehörte. Dschagannath erhob sich ebenfalls und verbrachte die Nacht in jenem kleinen Stand, in dem die zwei Knaben am Tage Zuckerrohrsaft feilboten.

Am nächsten Morgen kaufte er sich etwas zum Essen und ein paar saftige Früchte. Dann verließ er das Dorf Wada, wobei ihn die vorbeigehenden Dorfbewohner freundlich grüßten und ihm eine gute Weiterreise, sich selbst aber seine baldige Rückkehr wünschten.

Gleich hinter Wada war der Dschungel etwas lichter, doch schon nach ein paar Meilen schritt Dschagannath wieder durch den tiefsten Schatten des üppigen Urwalds, wobei ihn das Krächzen der Vögel, das Summen der Bienen und Hummeln sowie das Sirren der anderen Insekten und das Geschrei der Affen begleiteten.

Gegen Abend erreichte er das Dorf Bhowargiri und ging gleich in das Haus seines Freundes. Dort spülte er die Müdigkeit der langen Reise von sich und aß im Kreise der Familie Abendbrot. Als dann alle ihre Tagesarbeit vollbracht hatten, ließ er sich unter den Jungen und Alten auf dem kleinen Anger vor der Schule nieder und begann zu erzählen.

# Die Seeprinzessin Minakschi

Es wird erzählt, daß in alten Zeiten auch im Sambhar-See, der unweit von Dschajpur liegt, Menschen lebten — genau solche Menschen wie wir. Sie hatten dort unter Wasser ihr Königreich und lebten und handelten ähnlich wie die Menschen zu Lande. Man sagt, sie sprachen auch die gleiche Sprache wie wir, doch konnten sie, wann immer sie wollten, sich in Fische verwandeln.

Ihr König, der damals im Seereich regierte, hatte zwei Kinder, den Prinzen Minakar und die Prinzessin Minakschi. Er liebte die Menschen auf dem Lande gar nicht, und deshalb erlaubte er weder seinen Kindern noch seinen Untertanen, den See zu verlassen und das Ufer zu betreten.

Als Prinzessin Minakschi in das Alter gekommen war, in dem ein Mädchen heiratet, ging sie zu ihrem Vater und sprach: „Mein königlicher Vater, ich bin nun schon erwachsen und denke, ich sollte mich vermählen. Alle meine Gespielinnen sind bereits vermählt, einige haben sogar schon Kinder — nur ich bin noch immer ledig und allein. So kann es nicht mehr weitergehen. Erlaube mir deshalb, nach eigenem Ermessen einen Jüngling zu wählen oder bestimme du mir einen Gemahl. Ich bitte dich sehr, erfülle mir meinen einzigen Wunsch!"

Der König dachte lange über die Worte seiner Tochter nach, denn für ihn war Minakschi noch immer ein kleines Mädchen; schließlich mußte er anerkennen, daß die Prinzessin recht hatte. Doch er sagte sich auch, daß die Königstochter nicht einfach einen seiner Untertanen heiraten könne und daß er gegen die Menschen zu Lande Abneigung und Haß empfinde. So antwortete er der Prinzessin schließlich: „Liebe Tochter, ich muß mir das alles gründlich überlegen. Ich werde dir meinen Entschluß mitteilen."

Als Minakschi ihn verlassen hatte, rief er seinen Sohn Minakar und sprach zu ihm: „Mein Sohn, deine Schwester Minakschi möchte sich vermählen. Bevor ich jedoch einen geeigneten Bräutigam für sie finde, wird es deine Aufgabe sein, sie zu behüten und zu bewachen. Ich befürchte, sie könnte sich zu einer Unbesonnenheit verleiten lassen. Vor allen Dingen hindere sie daran, ans Ufer des Sees und zu den Menschen auf dem Lande zu gehen."

Minakar versprach dem Vater, die Schwester zu behüten, doch ihm gefiel seine neue Aufgabe nicht besonders. Einige Tage bewachte er Minakschi recht und schlecht, doch dann ließ er es ganz sein und ging lieber mit seinen Freunden zum Krebsfang.

An jenem Tage langweilte sich Minakschi wieder einmal sehr. Schließlich entschloß sie sich zu einem Spaziergang. Sie verließ das Schloß, ging durch den Garten, öffnete eine kleine Pforte und näherte sich dem Ufer des Sees. Dann wanderte sie über die Seewiesen, schritt durch die Seehaine und das Seewäldchen und hatte schon fast das Seeufer erreicht, da erblickte sie plötzlich etwas Eigenartiges. Es waren verschieden große, aus Muscheln geschnittene, glänzende Häkchen, die an langen Schnüren herabhingen; und auf jeden war ein kleines Fischlein, ein Regenwurm oder eine Olive gespießt. So etwas Schönes hatte Minakschi noch niemals gesehen. Es gefiel ihr sehr, und sie dachte, dieser Zierat würde sich in ihrem Gemach recht hübsch ausnehmen. Deshalb zog sie eine kleine, scharfe Muschel hervor und schnitt einige von den Schnüren ab. Dann kehrte sie mit ihrer Beute heim.

Der Zierat war jedoch keineswegs Schmuck. Es waren die Angelhaken der Fischer des Königs Dschajdew von Dschajpur, die im Sambhar-See Fische für die königliche Küche fangen wollten.

Als die Fischer ihren Fang heraufzogen, sahen sie, daß einige Häkchen fehlten. Da meinten sie: „Dort unten müssen wohl sehr große Fische sein, wenn sie uns die Köder samt den Häkchen abreißen konnten!" Und sie kehrten nach Dschajpur zurück und berichteten König Dschajdew, was sich zugetragen hatte.

Der König besah sich die Reste der Angelschnüre und sprach: „Die Haken hat kein Fisch abgerissen! Sie wurden abgeschnitten. Ihr seid schöne Fischer, wenn ihr euch eure Angelhaken direkt vor der Nase abschneiden laßt!" Nach diesen Worten lachte er die Fischer aus. Sie waren betrübt und schauten unglücklich drein, doch König Dschajdew sprach begütigend: „Macht euch nichts draus, wir werden bald herausbekommen, wer euch die Haken fortgenommen hat!" Und dann riet er ihnen, am nächsten Tag neue Häkchen an den Schnüren zu befestigen, doch statt der Köder Glasperlen und glitzernde Armreifen daranzuhängen. Die Fischer befolgten seinen Rat, beobachteten dann aufmerksam den Wasserspiegel des Sambhar-Sees und warteten, was sich ereignen würde.

Auch an diesem Tage fing Prinz Minakar wieder Krebse, so daß Prinzessin Minakschi erneut einen Spaziergang durch den See machen konnte. Als sie das Ufer erreicht hatte, sah sie wieder die Schnüren mit den glänzenden Muschelhäkchen herabhängen; doch diesmal glitzerten an ihnen herrliche bunte Perlen und Armbänder. Kaum hatte sie drei der wunderbaren Schmuckstücke abgeschnitten, da erblickten die Fischer das schöne Mädchen in dem klaren und durchsichtigen Wasser und brachen in lautes Geschrei aus. Da erschrak die Prinzessin heftig und entfloh.

Die Fischer kehrten zu König Dschajdew zurück und erzählten ihm, was sie gesehen hatten: „Ein wunderschönes Mädchen ging auf dem Seegrund entlang und schnitt mit einer scharfen Muschel unsere Häkchen ab. Als wir verblüfft aufschrien, erschrak sie und entfloh. Das Mädchen ist so lieblich, daß es nur die Tochter des Königs von Sambhar sein kann."

König Dschajdew dankte den Fischern für ihre Nachricht und beschenkte sie reich. Dann überlegte er, wie er wohl mit der schönen Seeprinzessin bekannt werden könne, doch es wollte ihm nichts einfallen. Ihm war der Weg unter Wasser versperrt, denn dort fehlte ihm die Luft zum Atmen; und die Bewohner des Sambhar-Sees mieden das Land, weil ihnen ihr König streng verboten hatte, den See zu verlassen.

Inzwischen hatte der König von Sambhar erfahren, daß Minakar nicht die Prinzessin behütete, sondern statt dessen mit seinen Freunden Krebse fing, während Minakschi bis zum Ufer spazierenging. Er war ärgerlich und ließ seine Kinder rufen. Als beide vor ihm standen und ihn ehrerbietig, doch auch schuldbewußt grüßten, sagte er mit strenger Stimme zu ihnen: „Ihr bereitet mir keine Freude, meine Kinder! Ihr seid ungehorsam und tut, was euch gefällt. Deshalb muß ich euch bestrafen. Du, Minakar, hast deine Schwester nicht ordentlich bewacht und zugelassen, daß sie im See umherstreifen und sogar bis ans Ufer gehen konnte, wo sie die Landbewohner erblickten. Deshalb verbanne ich dich aus unserem Seereich! Steig hinauf und lebe mit den Landbewohnern. In mein Königreich kehre nie mehr zurück!" Dann wandte sich der König von

Sambhar an Prinzessin Minakschi und sprach: „Und du, Tochter, bleibst hier im Schloß und setzt deinen Fuß nicht vor das Tor! Gleich morgen werde ich dich vermählen!"

Minakar hörte den strengen Spruch des Vaters mit traurigem Herzen, doch Minakschi freute sich, denn ihr innigster Wunsch sollte in Erfüllung gehen. Nur die Trennung vom Bruder, der am nächsten Tage von allen Freunden und Verwandten Abschied nahm und an Land stieg, trübte ihre Freude.

Der König von Sambhar wünschte nicht, daß seine Tochter einen seiner Untertanen oder gar einen Landbewohner zum Gemahl bekäme. Deshalb hatte er sich ausgedacht, sie mit dem Standbild eines Jünglings zu vermählen, das, aus rosa Marmor gehauen, vor dem Tor seines Schlosses stand. Und so geschah es.

Bei der Hochzeitsfeier freute sich Prinzessin Minakschi zwar, endlich einen Gemahl zu bekommen, doch bald merkte sie, daß ihr Leben nach wie vor eintönig war. Ihr Gemahl stand oder lag und sprach kein einziges Wort mit ihr, geschweige denn, daß er sie gestreichelt, geküßt oder umarmt hätte. Die unglückliche Königstochter sagte sich zwar immer wieder: „Besser dieser als keiner", doch der Gedanke vermochte sie nicht zu trösten.

Prinz Minakar war inzwischen aus dem See an Land gestiegen und hatte sich, da er sehr müde war, in ein Fischerboot unter einen Baum gelegt. Bald schlief er ein. Die Nacht war lau, und so schlief der Prinz bis zum Morgen tief und ruhig. Dann weckten ihn der Gesang der Vögel und die wärmenden Strahlen der Morgensonne. Minakar empfand etwas bisher nie Gekanntes, und mit einem ganz besonderen Gefühl in der Brust verließ er das Ufer des Sees und schritt landeinwärts.

Er wanderte auf dem Weg vom Sambhar-See nach Dschajpur und sah dabei, wie die Menschen ihre Felder bestellten: er erblickte die Hirten mit ihren Kühen, Schafen und Ziegen und sah auch wandernde Händler und Handwerker; er bestaunte das übersprudelnde Leben in den Dörfern, wo alle Menschen fleißig ihrem Tagwerk nachgingen. All das gefiel ihm sehr, denn es war alles viel klarer, farbiger und tönender als das Leben im Königreich Sambhar. Er schritt immer weiter, bis er nach Dschajpur auf den Platz vor dem Königspalast gelangte. Dort verhielt er und schaute sich ratlos um, denn er wußte nicht, was er nun beginnen oder wohin er sich wenden sollte. Da bemerkte ihn der erste Ratgeber König Dschajdews, der gerade aus dem Fenster schaute, und trat sogleich hinaus vor den Palast.

Er lenkte seine Schritte direkt zu Minakar und sprach ihn an: „Sei gegrüßt, Fremdling! Ich weiß zwar nicht, woher du kommst, doch scheint mir, du bist hier fremd und könntest Rat und Hilfe wohl gebrauchen. Habe ich es erraten?"

Prinz Minakar erzählte dem ersten Ratgeber des Königs, wie es um ihn stand.

Dieser war ein weiser und erfahrener Mann. Oft hatte er mit seinem König über das eigenartige Reich auf dem Grunde des Sambhar-Sees gesprochen und er wußte daher, daß Dschajdew voller Interesse dafür war. Deshalb führte er den Prinzen Minakar unverzüglich zu König Dschajdew.

Der König begrüßte den Jüngling freundlich, und als sie längere Zeit miteinander gesprochen hatten und näher bekannt geworden waren, bot er ihm an, bei ihm zu bleiben. Minakar freute sich, eine neue Heimat gefunden zu haben, und bald waren der Landkönig und der Seeprinz die allerbesten Freunde.

Einmal sprachen sie über Minakars Schwester Minakschi. König Dschajdew erwähnte die Begebenheit mit den abgeschnittenen Muschelhäkchen, von der ihm seine Fischer berichtet hatten. Da sagte Minakar: „Dies war die Ursache für den Zorn unseres Vaters. Ich sollte Minakschi behüten, damit sie nicht auf dem Grunde des Sees umherstreifen und an sein Ufer gehen könne, doch ich ging mit meinen Freunden Krebse fangen. Minakschi nahm die Angelhaken deiner Fischer mit, weil sie sie für einen besonderen Zierat hielt. Als unser Vater dies erfuhr, wurde er wegen unserer Ungehorsamkeit sehr zornig und verwies mich aus seinem Reich."

„Könnte man deine Schwester zu uns ans Land bringen?" fragte König Dschajdew.

„Mit Gewalt oder List niemals", erwiderte der Prinz. „Jeder Seebewohner, der an Land gezogen oder gelockt wird, muß in drei Tagen sterben. Doch wer von selbst kommt, der kann bis ans Ende seines Lebens bei euch bleiben."

„Meine Fischer haben mir berichtet, daß deine Schwester ein wunderschönes Mädchen ist. Ich würde sie sehr gern kennenlernen", meinte König Dschajdew.

„Sie ist wirklich schön", gab Minakar zu, „doch weiß ich nicht, ob sie sich entscheiden könnte, den Sambhar-See zu verlassen." Da wurde König Dschajdew nachdenklich und traurig. Er hatte große Sehnsucht nach der Seeprinzessin Minakschi und suchte unaufhörlich nach einer Möglichkeit, sie ohne Gewalt oder List, nur von ihrem eigenen Willen getrieben, aus dem See zu holen — doch vergebens, ihm wollte kein Mittel einfallen.

Prinz Minakar betrachtete den König, und dann sprach er mit Bedacht: „Mein Vater wollte Minakschi mit keinem seiner Untertanen oder einem Landbewohner vermählen, denn er haßt euch. Darum gab er der Prinzessin das Standbild eines Jünglings, das vor dem Tore unseres Palastes stand, zum Gemahl. Ihn liebt meine Schwester sicher nicht sehr. Rufe deinen Hofbildhauer und befiehl ihm, einige Standbilder aus Marmor anzufertigen. Eines soll immer schöner als das andere sein, und das letzte dir selbst völlig gleichen. Ich will dann heimlich in den See zurückkehren und die Standbilder der Reihe nach, von unserem Palastgarten aus bis zum Ufer hin, aufstellen."

,,Welch ein Einfall'', erwiderte König Dschajdew, ,,doch weiß ich nicht, was damit erreicht werden soll.''

Minakar fuhr fort: ,,Gib gut acht, König. Minakschi wird im Seegarten spazierengehen und das erste Standbild erblicken, das viel schöner ist als ihr Gemahl. Ihre Neugier wird erwachen und sie bewegen, heranzutreten, um es zu betrachten. Dabei wird sie den nächsten, noch schöneren marmornen Jüngling sehen. So wird sie von einem Standbild zum anderen laufen und schließlich das Ufer erreichen — dort wird sie dich erblicken, die schönste Gestalt von allen. Minakschi wird ans Ufer treten, und dann bleibt alles nur noch dir und deiner Geschicklichkeit überlassen.''

König Dschajdew lachte befreit auf, schlug Minakar fröhlich auf die Schulter und sagte herzlich: ,,Gut hast du mir geraten, Prinz, vielen Dank sage ich dafür.'' Gleich ließ er seinen Bildhauer rufen und erteilte ihm seinen Auftrag. Als die Standbilder fertig waren, stellte sie Minakar, wie versprochen, in der passenden Reihenfolge vom Seegarten bis zum Ufer hin auf. Kaum hatte er die letzte Marmorfigur an ihren Platz gestellt, da trat die Prinzessin aus dem Tor ihres väterlichen Schlosses, um im Garten spazierenzugehen. Nach einigen Schritten erblickte sie ein Standbild, das sich früher nicht dort befand. Sie lief sogleich zu ihm hin und betrachtete es von allen Seiten. ,,Ach'', rief sie aus, ,,ist das ein hübscher Jüngling. Er gefällt mir besser als mein Gemahl!'' Doch als sie sich umblickte, sah sie etwas weiter ein zweites Standbild, das ihr noch besser gefiel als das erste. Sie wunderte sich sehr darüber und eilte, auch dieses näher zu betrachten. Und so gelangte sie allmählich bis ans Ufer, wo König Dschajdew sie schon erwartete.

Als er sah, wie Minakschi das letzte Standbild bewunderte, das Minakar ganz dicht am Ufer aufgestellt hatte, streckte er ihr seine Hand entgegen und sprach: ,,Sei gegrüßt, Prinzessin Minakschi!''

Als Minakschi seine Stimme vernahm, blieb sie stehen. Sie blickte Dschajdew mit weitgeöffneten Augen an und dachte: ,,Er ist tausendmal schöner als alle, die ich bisher sah, und er kann sprechen.'' Dann schritt sie scheu und verwirrt ans Land.

König Dschajdew ging ihr entgegen und begrüßte sie: ,,Sei mir willkommen, Prinzessin Minakschi!''

Die Prinzessin stand schon mit beiden Füßen auf festem Boden und sprach, völlig überrascht, daß ein unbekannter Mensch ihren Namen kannte, leise: ,,Auch du sei gegrüßt, Unbekannter. Aber wer bist du, daß du meinen Namen kennst?''

,,Ich bin Dschajdew, der König von Dschajpur'', erwiderte Dschajdew. ,,Ich warte hier, um dich in meinen Palast zu führen und zu meiner Gemahlin zu machen. Könntest du mich liebgewinnen?''

Da errötete Minakschi und antwortete schüchtern: „Du gefällst mir sehr, denn du bist der schönste Mann, den ich je erblickte.“ Da nahm sie König Dschajdew bei der Hand und führte sie mit sich in seinen Palast in Dschajpur.

Dort harrte der Prinzessin eine weitere Überraschung — sie fand ihren Bruder Prinz Minakar.

Und dann blieb nur noch, eine prächtige Hochzeit zu feiern. Es war die schönste und längste Hochzeitsfeier, die das Volk von Dschajpur je erlebt hatte, denn sie dauerte volle acht Wochen. So wurde die Seeprinzessin Minakschi Königin von Dschajpur.

Als der Seekönig feststellen mußte, daß seine Tochter Minakschi geflohen war und sich mit Dschajdew, dem König von Dschajpur vermählt hatte, war er sehr zornig. Man wußte das, weil das Wasser des Sambhar-Sees brodelte und mannshohe Wellen schlug. Doch da er das Geschehene nicht mehr ändern konnte und seine beiden Kinder im Grunde seines Herzens innig liebte, versöhnte er sich mit ihnen und war dann häufig Gast im Königspalast von Dschajpur.

Auch Prinz Minakar vermählte sich nach einiger Zeit mit einem Mädchen des Landes und kehrte nicht mehr in den See zurück. Als der König von Sambhar gestorben war, verließen all seine Untertanen den See und blieben für immer auf dem festen Lande. Seit der Zeit leben im Sambhar-See keine Menschen mehr.

Ein leichter Wind trug aus dem nahen Dschungel einen schweren süßen Duft herüber. Der fahrende Sänger nahm seine Iktar zur Hand und spielte ein kurzes Lied. dann sang er:

,,Ist auch das Märchen trügerisch,
ein Körnchen Wahrheit birgt's in sich.
Was ist Wahrheit, was ist Schein —
finden mußt du es allein.''

Und er begann ein neues Märchen.

# Wie Ka-nam die Gemahlin des Sonnenprinzen wurde

In einem Dorfe hoch im Khasi-Gebirge lebten vor vielen, vielen Jahren einmal ein Mann und eine Frau, und sie hatten ein kleines Töchterchen namens Ka-nam. Dieses Kind war so lieblich und zart, wie weit und breit kein zweites. Als es heranzuwachsen begann und laufen und sprechen lernte, wollte es seine Mutter nicht aus dem Hause lassen, denn sie fürchtete, jemand könne das Kind böse besprechen oder gar entführen wollen. Doch der Vater sprach: „Unser Mädchen ist ein Kind wie alle anderen, und so wird es auch erzogen werden. Es muß arbeiten lernen und uns einmal helfen, unseren Lebensunterhalt zu verdienen!“

Und der Wille des Vaters galt, obwohl die Befürchtungen der Mutter nicht geringer wurden.

Und tatsächlich — eines Tages geschah das Unglück! Ka-nam ging an die Quelle, um Wasser zu holen, da sprang mit mächtigen Sätzen die Tigerin U-khla aus dem Dschungel hervor, packte das kleine Mädchen mit ihren Zähnen am Gürtel und trug es fort in ihre Höhle.

Die unglückliche Mutter hatte alles vom Hause aus mit angesehen und begann laut zu schreien und klagen. Darauf liefen alle Männer des Dorfes zusammen, ergriffen ihre Waffen und verfolgten die Tigerin in den Dschungel, um Ka-nam zu retten. Doch die Spuren der Raubkatze verloren sich bald im dichten Unterholz des Urwalds, und die Männer mußten am Abend unverrichteterdinge heimkehren.

Die Tigerin U-khla legte das kleine Mädchen in ihrer Höhle auf ein Lager aus weichen Haaren und sorgte für das Kind wie für ein eigenes Junges. Sie brachte ihm die schmackhaftesten Früchte, die sie im Dschungel finden konnte, und vom Fleisch der erjagten Tiere suchte sie immer die feinsten Stückchen für Ka-nam aus.

Wenn es heiß war, badete sie das Kind in einem Waldsee, und als die kalte Zeit kam, verdeckte sie mit ihrem großen Körper den Eingang der Höhle, damit es drinnen warm wurde.

Und so wuchs Ka-nam zu einem wunderschönen jungen Mädchen heran.

Da sagten eines Tages die anderen Tiger des Dschungels zur Tigerin U-khla: „Höre einmal, U-khla, dein Mädel ist ja tüchtig gewachsen. Wann lädst du uns denn zu Gast? Es wird Zeit, daß wir von diesem schönen weißen Fleisch kosten!" U-khla sagte darauf weder ja noch nein, sondern schlug nur böse mit der Schwanzquaste und kehrte eilig in ihre Höhle zurück. Sie wußte nur allzu gut, was diese Fragen ihrer Artgenossen bedeuteten.

Ka-nam räumte gerade auf und fegte den Fußboden, da kam die Tigerin atemlos angelaufen und brachte nur stoßweise hervor: „Ka-nam, es sieht schlecht aus für dich! Meine Stammesbrüder fletschen ihre Zähne nach dir! Ich allein kann dich gegen sie nicht beschützen. Du mußt von hier fort, und zwar schnell, sonst wäre es zu spät!"

Die erschrockene Ka-nam fragte mit tränenerstickter Stimme: „Aber wo soll ich denn hin? Meine Eltern sind sicher schon tot, und zu den anderen Menschen will ich nicht!"

„Du hast keine Wahl, Ka-nam", erwiderte die Tigerin U-khla. „Bitte den Zauberer U-hynroh um seine Hilfe, der als Riesenkröte in den Sümpfen hinter unserem Dschungel lebt. Ich werde dich zu ihm hinführen."

Und sie brachen gleich auf. Als sie etwa den halben Weg zurückgelegt hatten, ertönte hinter ihnen das unheimliche Brüllen vieler Tiger. U-khla flüsterte: „Wir müssen uns beeilen. Die Tiger haben sicher schon gemerkt, daß du fliehst, und wollen dich nun fangen und fressen!"

Beide setzten ihre Flucht so eilig fort, wie sie es vermochten, aber das Brüllen der Tiger kam näher und näher. Da sagte die Tigerin U-khla traurig: „Ka-nam, es geht nicht anders, wir müssen Abschied nehmen. Lauf immer weiter geradeaus, und wenn du am Rande des Dschungels den höchsten Baum erblickst, dann wende dich nach links. Von dort ist es nicht mehr weit bis zu den Sümpfen, wo du den Zauberer U-hynroh findest. Ich werde hier auf die Tiger warten und sie aufzuhalten versuchen. Bleib gesund und laß es dir gut gehen, und denke nicht im bösen an mich zurück."

Ka-nam begann zu weinen, und sie wollte U-khla nicht verlassen. Doch diese knurrte so streng, daß Ka-nam erschrak, sich eilig verabschiedete und davonlief.

Die Tigerin U-khla setzte sich nieder und wartete auf die anderen Tiger. Als diese herangekommen waren und nur U-khla erblickten, fragten sie sie gleich, wo Ka-nam geblieben sei. Die Tigerin verriet das Mädchen aber nicht, und so wurde die arme U-khla von ihren wütenden Stammesbrüdern auf der Stelle zerrissen.

Ka-nam war inzwischen bis an den Rand des Dschungels gelaufen und hatte sich beim höchsten Baum nach links gewandt. Gar nicht weit entfernt erblickte sie das ausgedehnte, mit spärlichem Gras und Rohr bewachsene Sumpfgebiet. Aus dem Sumpf stiegen übel riechende Blasen auf, und die Luft war von Schwefeldünsten erfüllt. Ka-nam brach ein Bambusrohr ab und wagte sich vorsichtig in den Sumpf.

Inmitten des schwankenden Bodens befand sich eine große Höhle. Darin saß auf einem Kristallblock eine Riesenkröte, die allerhäßlichste Kröte, die man sich nur vorstellen kann. Das war der Zauberer U-hynroh.

Ka-nam überwand Schrecken und Abscheu und verbeugte sich vor der Kröte. Der Zauberer U-hynroh quakte: „Wer bist du, und was suchst du hier?"

Ka-nam berichtete ihm ausführlich von ihrem Schicksal und bat ihn, ihr zu helfen.

„Ich werde dir helfen", quakte U-hynroh. „Bleibe bei mir, und ich will dich vor allen Gefahren schützen. Du kannst mir dienen." Und er freute sich, eine so schöne Dienerin bekommen zu haben.

„Damit dich aber niemand erkennen kann", fügte er noch hinzu, „ziehe hier diese Krötenhaut über. Du darfst sie niemals abstreifen, sonst würde dich die schlimmste Strafe treffen!"

Was konnte Ka-nam gegen seinen Befehl tun? Sie zog sich die abscheuliche Krötenhaut über, und niemand hätte in diesem häßlichen Geschöpf das schöne Mädchen aus der Höhle der Tigerin U-khla vermutet.

So lebte Ka-nam einige Zeit beim Zauberer U-hynroh, doch sie war sehr unglücklich und überlegte unablässig, wie sie es anstellen könne, zu entfliehen. Ihr Entschluß zur Flucht war unumstößlich und wurde von Tag zu Tag stärker.

In den Sümpfen hatte sie bald nach ihrer Ankunft eine Freundin gefunden. Es war die Urenkelin des Zauberers U-hynroh, eine hübsche kleine Kröte mit einer warzigen Haut. Dieser vertraute sich die unglückliche Ka-nam an und erzählte ihr, daß sie aus den Sümpfen fliehen wolle, aber nicht wisse, wie und wohin; denn wenn sie in den Dschungel zurückkehre, würden sie die Tiger zerreißen und auffressen.

„Es ist gar nicht so schwer, von hier fortzukommen, wenn du nicht schwindlig bist und dich nicht vor der Höhe fürchtest", erwiderte die kleine Kröte, der das arme Mädchen sehr leid tat. „Ich will dir einen Rat geben. Am Rande des Dschungels wächst ein riesengroßer Baum. Sicher bemerktest du ihn, als du hierher kamst. Das ist ein Zauberbaum, obwohl er gar nicht danach aussieht. Wenn du bis in seine Spitze hinaufkletterst und einen Zauberspruch sagst, beginnt der Baum zu wachsen, und er wächst so lange, bis er an den Himmel stößt. Dort steigst du einfach herab und lebst im Himmel weiter."

„Und wie lautet der Zauberspruch?“ fragte Ka-nam begierig. Die Urenkelin neigte sich zu ihr hinüber und flüsterte:

„Die Erde ist nahe,
der Himmel ist weit.
Wachse, mein Baum,
es ist an der Zeit!

Wenn du den Himmel erreicht hast, sagst du einfach: ‚Genug!‘ und du kannst vom Baum herabsteigen.“

Ka-nam bedankte sich bei der kleinen Kröte, verabschiedete sich von ihr und floh in ihrer Krötenhaut aus dem Sumpf. Die Urenkelin rief ihr noch nach: „Glückliche Reise! Laß es dir gut ergehen!“

Mit Leichtigkeit erklomm Ka-nam die Spitze des Zauberbaumes, denn sie wurde von der Sehnsucht getrieben, dem abscheulichen Krötenzauberer zu entkommen. Als sie oben angelangt war, umfaßte sie den Baum fest mit beiden Armen, um nicht hinunterzufallen und sprach leise:

„Die Erde ist nahe,
der Himmel ist weit.
Wachse, mein Baum,
es ist an der Zeit!“

Kaum hatte sie das letzte Wort ausgesprochen, da begann der Baum in die Höhe zu schießen, und er wuchs und wuchs, bis er in den Himmel gewachsen war. Dort rief Ka-nam: „Genug!“ Dann ließ sie sich vom Baum herab, und der Baum schrumpfte wieder zu seiner ursprünglichen Höhe zusammen. Ka-nam aber blieb im Himmel.

Ein Weilchen irrte sie umher. Sie suchte jemanden, der sie in seinen Dienst nähme. Doch kein Himmelsbewohner wollte so eine häßliche Kröte um sich haben. Schließlich hatte die Sonnenkönigin Ka-sngi Mitleid mit der kleinen Kröte und nahm sie als Torwärterin für den Haupteingang des Sonnenpalastes in ihren Dienst. Und sie wies ihr das kleine Torwärterhaus als Wohnung an.

Ka-nam war sehr froh, dem Zauberer U-hynroh entkommen zu sein, und diente der Sonnenkönigin Ka-sngi rechtschaffen und zur Zufriedenheit. Sie fürchtete sich auch nicht mehr vor U-hynroh, und wenn sie sich allein wußte, streifte sie oft die häßliche Krötenhaut von sich ab und betrachtete sich in einem großen Spiegel. Einmal wurde sie dabei vom Sohn der Sonnenkönigin Ka-sngi, dem Sonnenprinzen, beobachtet. Er war von der Schönheit und dem Liebreiz des Mädchens so eingenommen, daß er unverzüglich zu seiner Mutter eilte und ihr die wunderbare Entdeckung mitteilte. Die Sonnenkönigin glaubte ihm nicht und wollte sich selbst von dem Wunder überzeugen.

Dabei stellte sie fest, daß ihr Sohn sich wirklich nicht geirrt hatte. Und da

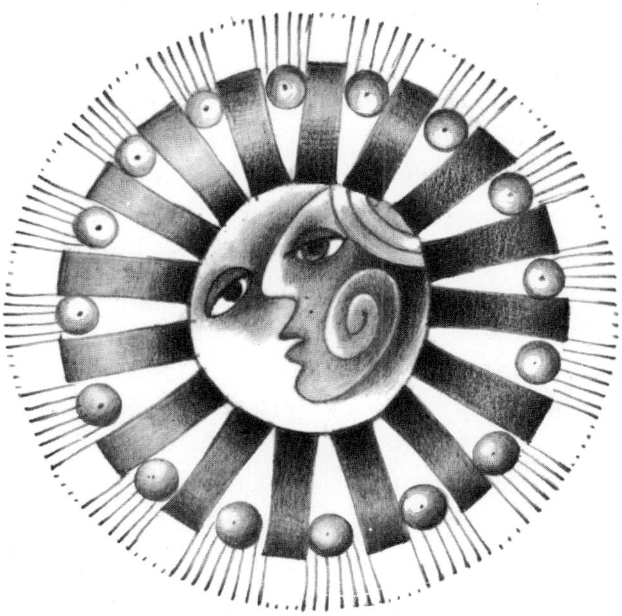

auch ihr Ka-nam sehr gefiel, beschloß sie, das Mädchen auf der Stelle mit ihrem Sohn zu vermählen. Sie nahm Ka-nam zu sich in den Palast, und bald wurde im Himmel die prächtige Hochzeit des Sonnenprinzen mit dem wunderschönen Mädchen Ka-nam gefeiert.

Als die junge Prinzessin in der Hochzeitsnacht eingeschlummert war, nahm die Sonnenkönigin heimlich ihre Krötenhaut an sich und verbrannte sie. So konnte Ka-nam niemals wieder Krötengestalt annehmen und führte nun, schön wie nie zuvor, an der Seite des Sonnenprinzen ein glückliches Leben.

Der Zauberer U-hynroh war sehr zornig, als er bemerkte, daß ihm Ka-nam entflohen war. Und als er erst erfuhr, daß das Mädchen nun im Himmel lebte und den Sonnenprinzen zum Gemahl erhalten hatte, begann er zu rasen. Er quakte schreckliche Verwünschungen, um sein Krötenmaul bildeten sich Speichelblasen, und die Warzen seiner Haut verspritzten eine giftige Flüssigkeit. Und dann kroch er auf die Spitze des Zauberbaums, sprach den Zauberspruch und gelangte auf dem wachsenden Baum in den Himmel, um seine Wut zu stillen und die Sonnenkönigin Ka-sngi zu fressen.

Die Sonnenkönigin aber verstand es wohl, ihre Waffen, die Sonnenpfeile, zu gebrauchen, und wehrte sich tapfer gegen den Bösewicht. Doch die Menschen auf der Erde fürchteten um den Ausgang des Kampfes, und liefen in großen Scharen zusammen und begannen laut zu lärmen: Sie schlugen auf Trommeln, Pauken und Tschinellen und riefen und schrien so laut sie vermochten zum Himmel empor.

Der Zauberer U-hynroh, der ein Feigling war, erschrak sehr vor diesem übermäßigen Lärm. Er ließ sogleich von der Sonnenkönigin ab und kroch in seine

Sumpfhöhle zurück. Doch da er sehr rachsüchtig war, dachte er von nun an nur noch daran, wie er die Sonnenkönigin vernichten könne. Wenn seine Erinnerung an die Flucht Ka-nams und an die Sonnenkönigin, die dem Mädchen half und seine Krötenhaut verbrannte, ihn von Zeit zu Zeit zu neuen Wutausbrüchen treibt, dann vergißt er seine Niederlage und dringt erneut in den Himmel ein, um die Sonnenkönigin zu fressen. Und immer, wenn dies geschieht, dann laufen alle Einwohner des Khasi-Gebirges zusammen und vollführen einen ungeheuren Lärm, bis sie den häßlichen Krötenzauberer aus dem Himmel gejagt haben und die Sonnenkönigin gerettet ist.

Die übrigen Menschen nennen diesen Vorgang Sonnenfinsternis, doch nur deshalb, weil sie diese Geschichte nicht kennen. Nur die Bewohner des nordwestlichen Khasi-Gebirges wissen, wie es sich wirklich damit verhält.

Da wunderten sich alle sehr und meinten, es wäre doch der Dämon Rahu, der sich bemühe, die Sonne zu verschlucken; doch sei es durchaus möglich, daß Rahu in der Sprache der Leute von Khasi U-hynroh heiße. Der fahrende Sänger nahm seine Iktar zur Hand und spielte ein kurzes Lied. Dann sang er:

„Ist auch das Märchen trügerisch,
ein Körnchen Wahrheit birgt's in sich.
Was ist Wahrheit, was ist Schein —
finden mußt du es allein."

Und er begann ein neues Märchen.

## Das Schloss im Meer

Am Ufer des östlichen Meeres liegt die Stadt Tamralipti, und in ihr herrschte vor Zeiten König Tschandasen. Der König hatte einen jungen Diener namens Ratan. Obwohl er seinem Herrn schon eine Reihe von Jahren diente, hatte er noch niemals eine Bezahlung dafür erhalten. Er lebte von dem, was er gerade fand, und war dennoch dem König treu ergeben.

Eines Tages begab sich König Tschandasen auf die Jagd. Reiter und Läufer begleiteten ihn, und auch der Diener Ratan lief vor dem König her. So erreichten sie den Wald, in dem es von Tieren und Vögeln wimmelte, und die Jagd begann. Der König setzte einem gewaltigen Keiler nach und verfolgte ihn so besessen, daß er den Blicken der übrigen Jäger entschwand. Nur der treue Ratan folgte ihm nach, trotz Müdigkeit und großem Durst.

Im dichten Gestrüpp des Dschungels verlor König Tschandasen den Keiler aus den Augen und konnte auch den Rückweg nicht mehr finden. Außerdem war er sehr müde und hungrig. Als er sah, daß sein Diener ihm noch immer folgte, sprang er vom Pferd und fragte Ratan: „Weißt du, Ratan, wie wir von hier aus zurückfinden können?“

„Ich weiß es, mein Herr und König“, antwortete Ratan ehrerbietig. „Doch zuerst ruhe dich ein wenig aus.“ Und er ging zu einem nahen Bach und brachte dem König frisches klares Wasser. Dann wickelte er aus dem Zipfel seines Gewands drei herrliche große Feigen und bot zwei davon dem König an. Dann besorgte er das Pferd des Königs, und erst dann ließ er sich selbst ein wenig abseits nieder.

Da fragte ihn der König: „Wie kamst du zu den vorzüglichen Feigen?“

„Herr und König, ich ernähre mich von Feigen schon so lange ich in deinen Diensten stehe, denn bisher habe ich noch keine Bezahlung erhalten“, antwortete Ratan wahrheitsgemäß.

Der König schämte sich wegen seiner Unachtsamkeit und Vergeßlichkeit, und als sie in dieHauptstadt zurückgekehrt waren, belohnte er den Diener Ratan reich für seine Treue und Ergebenheit. Doch glaubte er, daß seine Schuld noch nicht völlig abgetragen sei.

Nach einiger Zeit schickte König Tschandasen seinen Diener Ratan zum König von Ceylon, damit er dort für seinen Herrn um die Hand der Prinzessin anhielte. Ratan schiffte sich auf einem königlichen Segler ein und begab sich auf die Reise. Als das Schiff etwa die halbe Entfernung zwischen den beiden Königreichen zurückgelegt hatte, tauchte auf einmal vor ihm eine goldene Fahnenstange mit einem vielfarbenen Banner aus den Wellen empor. Gleichzeitig brach ein furchtbares Gewitter los.

Ratan hatte keine Furcht. Er zog sein Schwert und warf sich neben der goldenen Fahnenstange ins schäumende Meer. Kaum hatte er das getan, da zerbrach der Segler in zwei Teile, und die ganze Besatzung ertrank in den Wellen. Nur Ratan versank immer tiefer im Meer, bis er sich auf einmal in einer wunderbaren, prächtigen Stadt mit goldenen Palästen, herrlichen, dichtbelaubten Bäumen und ausgedehnten, bunten Blumenbeeten befand. Ratan glaubte, dies müsse ein Zauber sein, oder er habe nur einen wunderbaren Traum.

In diesem Augenblick trat aus dem Tempel, der mitten auf einem großen Platz stand, das schönste Mädchen hervor, das er je erblickt hatte. Seine Augen leuchteten blau wie der Lotos auf den Seen, seine Gestalt war schlank wie der Stengel der Wasserrose, und sein Lächeln glich der entfalteten Jasminblüte. Das Mädchen ging mit seinem Gefolge zum Palast und verschwand darin.

Ratans Herz entbrannte in inniger Liebe zu der unbekannten Schönen, und er folgte ihr in den Palast. Als er einige Räume und Gänge durchschritten hatte, traf er auf eine goldene Pforte. Er öffnete sie und betrat einen blühenden Garten, wo jenes schöne Mädchen auf einer Liegestatt ruhte.

Ratan grüßte es ehrerbietig und sprach: „Zürne mir nicht, du wunderbare Schöne, daß ich uneingeladen dein Schloß betrat. Ich bin ein Unglücklicher, der bei einem Gewitter die Karavelle seines Königs verlor, und befinde mich nur durch einen wunderbaren Zufall hier in dieser Stadt im Meer. Kannst du mir verzeihen, du reizendes Mädchen, die mich an die Göttin des Glücks und Erfolgs erinnert?"

„Sei willkommen, Ratan! Ich kenne dich gut und lade dich ein, mein Gast zu sein", sprach das Mädchen mit süßer Stimme. „Doch vorher geh und bade dich in dem See unter dem alten Orangenbaum. Dann werden wir zusammen speisen und trinken — wenn du es so willst."

Wie könnte wohl Ratan nicht wollen! Freudig und eilig stieg er in den See unter dem alten Orangenbaum — doch was war das? Es schien, als drehe er sich in großer Geschwindigkeit um sich selbst, und mit einmal befand er sich im königlichen Garten seines Herrn in Tamralipti. Und die Stadt im Meer war entschwunden. Er konnte sich das alles nicht erklären und irrte benommen im Garten umher, bis ihn die Höflinge bemerkten und König Tschandasen davon berichteten. Dieser begab sich selbst dorthin und fragte: „Wo kommst du her, Ratan? Ich schickte dich doch zum König von Ceylon!"

Darauf erzählte der verwirrte Ratan seinem König alle seine Erlebnisse.

Der König dachte: „Jetzt kam der rechte Augenblick, um meinem treuen Diener meine Schuld für seine Ergebenheit und Anhänglichkeit zu vergelten." Dann sprach er zu Ratan: „Laß alle Traurigkeit fahren und quäle dich nicht. Ich werde mit dir zusammen ein neues Schiff besteigen, und gemeinsam werden wir die Reise übers Meer wiederholen. Wir wollen sehen, ob es uns nicht gelingt, das schöne Mädchen für dich zu erobern."

Gleich am nächsten Tage vertraute König Tschandasen seinem Ratgeber die Regierungsgeschäfte an und begab sich mit Ratan an Bord eines kleinen Seglers. Dann fuhren sie allein aufs Meer hinaus. Ratan führte das Steuer, und König Tschandasen beobachtete das Meer und bediente die Segel. Als sie etwa die Mitte des Meeres erreicht hatten, rief Ratan: „Sieh, mein Herr und König! Dort taucht die Stange mit dem Banner empor!"

Und tatsächlich! Aus den Wellen des Meeres tauchte eine goldene Fahnenstange mit einem vielfarbenen Banner empor. Gleichzeitig erhob sich ein furchtbares Gewitter und Ratan rief dem König zu: „Spring mit mir ins Meer, mein König!"

Beide sprangen unerschrocken ins Meer und versanken bald bis zu der Stadt auf seinem Grunde. Kaum hatten sie den Platz vor dem prächtigen Tempel erreicht, da trat aus diesem das liebreizende Mädchen mit seinem Gefolge. Als König Tschandasen es erblickte, mußte er zugeben, daß es wirklich das schönste Mädchen war, das er je gesehen hatte. Auch das Mädchen bemerkte König Tschandasen und schickte eine ihrer Dienerinnen, um den König zu fragen, wer er sei.

Die Dienerin folgte dem Befehl der Schönen, begrüßte den König und Ratan und lud beide zu ihrer Herrin ein. ,,Wir danken dir für die Einladung'', antwortete der König, ,,doch möchten wir uns nicht aufdrängen. Laß uns in Frieden.''

Als die Dienerin enttäuscht davonging, sagte Ratan zum König: ,,Aber, mein Herr und König, warum hast du die Einladung nicht angenommen?''

,,Beruhige dich, Ratan,'' erwiderte der König. ,,Du darfst einer Frau niemals zeigen, daß du sie begehrst. Dann hättest du sie bereits verloren. Warte nur und bleibe geduldig, du wirst bald dein Glück machen!''

Und wirklich! Einen Augenblick später kam das liebreizende Mädchen selbst, verbeugte sich vor den beiden, wobei sie ihre Hände vor der Stirn faltete, und lud sie ehrerbietig in ihr Schloß ein. Der König zwinkerte Ratan zu, doch so, daß es das Mädchen nicht sehen konnte, und dann nahmen sie mit vorgetäuschtem Zögern ihre Einladung an.

Das Mädchen führte König Tschandasen und Ratan in ein prächtiges Gemach und erwies ihnen große Ehre. Dann sprach sie zu ihnen: ,,Ich bin die Tochter des Königs der Halbgötter. Mein Vater hat mir hier im Meer ein Schloß errichten lassen, doch ich bin immer allein und habe keinen Gemahl.''

,,Nimm dir meinen Freund Ratan'', sprach darauf König Tschandasen. ,,Er liebt dich und begab sich nur deinetwegen ein zweites Mal aufs Meer.''

Das wunderschöne Mädchen, die Tochter des Königs der Halbgötter, erwiderte kein Wort und senkte zum Zeichen ihrer Zustimmung nur den Kopf.

Und so wurde Ratan Herrscher der Stadt im Meer. König Tschandasen aber stieg in den See unter dem alten Orangenbaum und gelangte so in seine Hauptstadt Tamralipti zurück. Doch bevor er seinen ehemaligen treuen Diener verließ, sprach er zu ihm: ,,Für eine deiner Feigen habe ich dir Dank gezeigt, doch für die andere bleibe ich noch dein Schuldner.''

Inmitten der lauschenden Dörfler erhob sich mit einmal das Mädchen Schukla, lief in ein nahegelegenes Häuschen und brachte Dschagannath von dort einen gefüllten Becher mit frischer Milch; diese mundete ihm sehr, und er dankte Schukla freundlich. Als er sich erfrischt hatte, verabschiedete sich der fahrende Sänger und setzte seine endlose Wanderung durch die weite indische Landschaft fort. Denn Indien ist ein riesiges und sehr unterschiedliches, ein dürftiges und doch auch sehr fruchtbares Land. Was du nirgends in der Welt findest, das findest du in Indien. Und was du in Indien nicht findest, das brauchst du nicht mehr zu suchen, denn nirgendwo anders kann es sein. Solch ein Land ist Indien.

Und Dschagannath klomm den gewundenen Weg von Bhowargiri nach Bhimaschankar empor und erreichte es noch vor Einbruch der Dämmerung.

Auf dem menschenleeren Platz vor dem größten Tempel des Ortes machte er halt. Im tiefroten Schein der untergehenden Sonne ragte der dunkelgraue steinerne Tempel mit seinem kegelförmigen, mit herrlichen Reliefs verzierten Turm in den Abendhimmel. Der Eingang des Tempels aber schien in ein bodenloses, schwarzes Dunkel zu führen.

Dschagannath ging um das Gebäude herum, und schon begrüßten ihn ein paar Einwohner, doch vor allem die Kinder von Bhimaschankar voller Freude. Ihr fröhliches lautes Geschrei lockte schnell auch die übrigen Bewohner dieses Wallfahrtsortes aus ihren Hütten.

Dschagannath erfrischte sich ein wenig, während die Einwohner von Bhimaschankar schon auf dem Platz vor dem größten Tempel zusammenkamen. Dann trat er zu ihnen, ließ sich auf den Stufen des Tempels nieder und begann zu erzählen.

# Der Perlenfischer

Es geschah vor langer, langer Zeit. Damals waren die Berge auf unserer Erde noch viel höher, die Flüsse länger und die Meere tiefer; die Wälder waren grüner, die Blumen bunter und der Reis war weißer. Heute hört man von dieser Zeit nur noch erzählen, denn auch die Ältesten erlebten sie nicht mehr selbst.

Damals breitete sich am östlichen Ufer des Meers das Fischerdorf Marschlipur aus, und in dem Dorf lebte mit seiner Mutter ein Knabe, den das ganze Dorf nur Moti — die Perle — nannte. Diesen Namen trug er, weil er nicht, wie die übrigen Knaben und Männer des Dorfes, in Booten und mit Angeln und Netzen versehen zum Fischfang ausfuhr, sondern von den hohen Uferfelsen direkt ins tiefe Meer sprang, bis auf den Grund tauchte und dort Perlmuscheln suchte. Niemand aus dem ganzen Dorf konnte so tief und so lange tauchen wie Moti.

Obwohl es dem Knaben oft gelang eine Perlmuschel zu finden, lebten er und seine Mutter in Armut. Alle Fischer im Dorf waren ebenso arm wie er und konnten ihm deshalb seine Perlen nicht abkaufen. Nur einmal kam auf seinem Büffelkarren ein Kaufmann aus der Stadt. Der behauptete, Perlen besäßen kaum einen Wert, niemand wolle sie haben oder gar kaufen, und er gab Moti für seine Perlen nur einige Kupferstücke. So lebten denn Moti und seine Mutter hauptsächlich von dem kleinen Reisfeld hinter ihrer Hütte, das sie nur spärlich ernährte.

Einmal lief Moti am Meeresufer entlang bis zur Schwarzen Bucht, denn er nahm an, dort mehr Perlen als anderswo zu finden. Der Kaufmann aus der Stadt sollte bald wieder eintreffen, und Moti wollte so viel Perlen wie möglich für ihn sammeln, um seiner Mutter mit dem Geld etwas mehr als gewöhnlich zum Lebensunterhalt beisteuern zu können.

Die Schwarze Bucht trug ihren Namen zu Recht, denn dort bestand das Ufer aus hochaufragenden, zerklüfteten schwarzen Felsen, so daß das Wasser in der Bucht auch schwarz erschien. Doch im Gegenteil, das Wasser war hier besonders klar und durchsichtig, und man konnte bis auf den Grund des Meeres sehen. Moti bemerkte gleich, daß es dort unten viele Perlmuscheln gab, doch sah er auch große, gefräßige Haie. Er starrte ins Wasser und wagte nicht, hinunterzuspringen. Moti war ein ausgezeichneter Schwimmer, doch er wußte wohl, daß der Hai weit schneller schwimmt, als ein Mensch.

Er kehrte in Gedanken versunken heim und erzählte seiner Mutter, daß er in der Schwarzen Bucht viele Perlmuscheln, aber auch die gefährlichen Haie gesehen hätte und nun überlegen müsse, wie er, ohne sich selbst in Gefahr zu begeben, die Perlmuscheln bekommen könnte.

Die Mutter fürchtete für den Knaben und sprach zu Moti: „Mein Sohn, ich bitte dich, schlag dir die Perlmuscheln in der Schwarzen Bucht aus dem Kopf. Mit Haien ist kein Spaßen. Haben wir nicht genügend Reis? Und hier und da bekommen wir auch einen Fisch dazu. Was fehlt uns mehr? Bereite mir keine Sorgen, ich habe doch nur noch dich!"

„Trockenen Reis mag ich nicht mehr essen", erwiderte Moti ernst. „Und wenn mir der Kaufmann für eine Perle nur so wenig gibt, dann muß ich mehr Perlmuscheln finden, um ausreichend zu verdienen. Hab keine Angst, Mutter, ich

werde mich den Haien nicht selbst zum Fraß vorwerfen. Aber die Perlen von dort muß und werde ich bekommen!"

Was konnte die arme Mutter da tun? Moti war von klein auf recht selbstbewußt, und so blieb ihr nichts, als zu weinen und zu hoffen, der Knabe werde keine Ungeschicklichkeit begehen und die Haie irgendwie überlisten.

Am nächsten Morgen brach Moti früh auf und lief erneut zur Schwarzen Bucht. Dort setzte er sich auf die höchste Felsspitze am Ufer und schaute in die Wellen hinunter. Ganz am Grunde tummelten sich zehn große Haie, unter ihnen ihr Anführer, ein besonders großer Hai namens Makar.

Moti wußte, Haie schlafen nicht, auch wenn es so scheint, und stürzen sich augenblicklich auf jede Beute, die sie sehen oder wittern. Und weil sich damals alle Lebewesen noch in einer Sprache verständigen konnten, sagte Moti recht laut, damit ihn die Haie auch hören konnten: „Hier sind aber viele Perlmuscheln! Ich will hinunterspringen und mir einige davon holen! Die Haie schlafen alle. Doch wenn sie auch bei meinem Sprung ins Meer erwachten, mir geschähe nichts, denn jener unter ihnen, der die dünnste Schwanzflosse hat, verriet mir gestern für ein paar Bananen, wie ich nicht nur gewöhnliche Haie, sondern auch diesen Tölpel Makar überlisten kann. Das ist wirklich ein Tölpel, und ich muß ihn nicht im geringsten fürchten!"

Und er täuschte vor, den Sprung in die Schwarze Bucht zu wagen.

Makar ärgerte sich und sagte zu den anderen Haien: „Jetzt bekommt wenigstens einer von uns einen großen Happen. Der Junge wird nicht so salzig sein wie die Meeresfische! Wenn er springt, stürzen wir uns alle miteinander auf ihn!"

Moti jedoch hob einen großen Stein und schleuderte ihn mit aller Kraft weit in die Bucht hinaus. Gleich stürzten alle Haie dorthin. Indessen sprang Moti ins Wasser, raffte ein paar Perlmuscheln zusammen und kehrte blitzschnell ans Ufer zurück.

Als Makar ihn dort auf einem Stein sitzen und die Perlen aus den Muscheln nehmen sah, rief er: „Der Junge ist uns entkommen!" Und er erinnerte sich, was Moti vordem gesagt hatte. „Unter uns ist ein Verräter! Schauen wir doch einmal, wer die dünnste Schwanzflosse hat!"

Dann befahl er allen Haien, sich nebeneinanderzureihen, und untersuchte sorgfältig ihre Schwanzflossen. Die Haie ließen sich das ruhig gefallen, denn alle waren von ihrer Unschuld fest überzeugt. Da zeigte Makar auf den kleinsten, der wirklich die dünnste Schwanzflosse hatte, und schrie: „Hier ist der Verräter! Schon haben wir ihn!" Und bevor der Unglückliche auch nur eine einzige Flosse bewegen konnte, stürzten die übrigen über ihn her und fraßen ihn auf der Stelle.

Moti nahm seine Perlen und kehrte zufrieden nach Hause zurück.

Am nächsten Tag ging er erneut zur Schwarzen Bucht. Als er im Wasser neun

Haie mit ihrem Anführer an der Spitze erblickte, sprach er laut: „Auch heute springe ich hinunter und hole mir ein paar Perlmuscheln. Doch heute mache ich es ganz anders, denn gestern verriet mir der Hai mit dem größten Bauch für ein paar Orangen, wie ich noch leichter nicht nur die gewöhnlichen Haie, sondern auch diesen Tölpel Makar überlisten kann. Das ist wirklich ein Tölpel, und ich muß ihn nicht im geringsten fürchten."

Und wieder nahm er einen großen Stein und warf ihn weiter als am Vortag ins Meer hinaus. Alle Haie stürzten sofort darauf. Moti sprang indessen flink ins Wasser, ergriff ein paar Perlmuscheln und kehrte blitzschnell ans Ufer zurück.

Als Makar feststellen mußte, daß ihn Moti ein zweites Mal betrogen hatte, kannte seine Wut keine Grenzen. „Wer von euch hat den dicksten Bauch?" schrie er. „Wer hat uns verraten?"

Die Haie blickten einander unsicher an. Keiner fühlte sich schuldig, und dennoch zogen alle ihren Bauch so weit wie möglich ein, um schlanker zu erscheinen. Da wagte der fürwitzigste zu bemerken: „Aber Makar, du selbst hast ja den dicksten Bauch! Du bist der Fetteste unter uns!"

Doch kaum war sein letztes Wort gefallen, da stürzte sich der wutschnaubende Makar auf ihn und zerriß ihn. Dann fraßen ihn alle auf.

Und so ging Moti jeden Tag Perlmuscheln sammeln. Die Haie wurden immer weniger, denn sie fraßen nach und nach den Artgenossen mit dem Fleck auf dem Rücken, einen anderen, dem zwei Vorderzähne fehlten, jenen mit der eingerissenen Flosse und so weiter, bis schließlich in der Schwarzen Bucht nur noch Makar allein übrig blieb.

Und das war der größte und stärkste Haifisch auf der ganzen Welt, denn in ihm hatten sich die Kräfte aller Haie vereinigt, die sich solange gegenseitig aufgefressen hatten, bis den letzten Makar selbst fraß. Der dachte nun: „Jetzt, da ich alle Verräter beseitigte, die diesem Jungen durch Rat und Tat halfen, kann der Erfolg nicht ausbleiben. Nun kann mich der Junge nicht mehr überlisten! Endlich bekomme ich ihn!"

Doch Moti war schon so verwegen und seiner Geschicklichkeit sicher, daß er beschloß, dem gefräßigen Makar noch einen Streich zu spielen. Er nahm zwei hölzerne Stangen und spitzte sie an beiden Enden zu. Dann steckte er ein paar Späne zum Feuerentfachen, ein wenig getrockneten Kuhmist als Brennmaterial, eine scharfe Muschelschale und ein wenig Salz zu sich, stellte sich auf eine Klippe über der Schwarzen Bucht und sprach recht laut, damit ihn Makar auch hören konnte: „Heute muß ich schon keine List mehr anwenden, denn nur noch der alte Tölpel Makar ist übriggeblieben. Aber auch, wenn er mich finge und zerbisse, geschähe mir nichts, denn sobald sich mein Blut an der Wasseroberfläche zeigte, käme meine Mutter und belebte mich durch ihre Zauberkünste von neuem. Wenn mich Makar allerdings unversehrt und im Ganzen verschluckte, das wäre mein Verderben!“ Und dann sprang er ins Meer.

Makar, der alles gehört hatte, beeilte sich, riß sein Riesenmaul weit auf — und schon hatte er Moti mit all den Dingen, die er bei sich trug, wie ein kleines Fischlein verschluckt!

Doch bevor er es noch schaffte, sein Maul wieder zu schließen, steckte Moti die beiden angespitzten Holzstangen zwischen die Kiefern des Hais, und Makars Maul mußte geöffnet bleiben. Dann entfachte Moti im Bauch des Hais ein lustiges Feuer, schnitt ihm mit seiner scharfen Muschel ein paar saftige Fleischstücke von den Rippen, briet sie am Feuer, bestreute sie mit Salz und verspeiste sie mit großem Appetit.

Der arme Makar brüllte vor Schmerzen, jagte in der Schwarzen Bucht hin und her, tauchte bis auf den Grund, schnellte sich über die Wasseroberfläche hinaus und peitschte mit seiner Schwanzflosse wild die Wellen. Doch all das half ihm nichts.

Da sagte Moti wieder laut, damit es der Hai auch hörte: „Solange Makar im Meer lebt, bin ich in Sicherheit. Wenn er aber ins seichte Wasser bei unserem Dorf Matschlipur schwimmt, dann gibt es für mich keine Rettung mehr!“

Da dachte Makar: „Das ist es! Ich schwimme so schnell ich kann an die seichteste Stelle, damit ich dich endlich vernichte!“ Und dann schwamm er nach Matschlipur. Er schoß so schnell ins seichte Gewässer, daß er fast ans Ufer gelangte und dort zwischen den Steinen und Schlingpflanzen steckenblieb. Er konnte sich weder vorwärts- noch rückwärtsbewegen.

Die Fischer liefen gleich zusammen und erschlugen den großen Hai Makar. Dann zogen sie ihn aus dem Wasser und wollten ihn ausnehmen. Da rief ihnen Moti aus Makars Bauch heraus zu: „Schneidet vorsichtig, denn drinnen bin ich, Moti!“

Das gab ein Verwundern, als Moti aus dem Haifischbauch kroch! Er mußte überall erzählen, wie er die Haie in der Schwarzen Bucht alle überlistet hatte und zuletzt auch ihren Anführer Makar. Die Fischer und ihre Frauen und Kinder bewunderten ihn sehr und lobten seinen Mut und seine Geschicklichkeit. Nur die Mutter weinte im stillen, wenn sie daran dachte, in welchen schrecklichen Gefahren ihr Moti geschwebt hatte.

Einige Tage später kam der Kaufmann aus der Stadt in seinem Büffelkarren nach Matschlipur. Moti bot ihm alle Perlen zum Kauf an, die er in der Schwarzen Bucht erbeutet hatte, und es war ein ganzer Beutel voll. Eine Perle aber war besonders groß und glänzte in einem milden, rosigen Licht. Moti hatte sie gleich am ersten Tag gefunden, als es ihm zum ersten Mal gelungen war, die Haie zu überlisten.

Der Kaufmann zahlte Moti für jede Perle die gewöhnlichen Kupfermünzen. Die herrliche rosa Perle hatte der Knabe bis zuletzt verborgen. Nun zeigte er sie dem Kaufmann und sprach: „Und was gibst du mir für diese? Solch eine sah ich noch niemals. Sicher ist sie sehr kostbar!"

Die kleinen Äuglein des Kaufmanns leuchteten gierig auf, doch er beherrschte sich schnell und erwiderte scheinbar gleichgültig: „Diese? Die besitzt nicht einmal den Wert einer einzigen Kupfermünze. Schmuck wird doch nur aus weißen Perlen angefertigt. Doch weil du mein ständiger Lieferant bist, nehme ich dir auch diese Perle ab und gebe dir sogar zwei Kupferstücke dafür." Und er freute sich schon insgeheim, wie unermeßlich viel er an dieser herrlichen rosa Perle verdienen werde, wenn er sie dem Herrscher in der Hauptstadt verkaufen würde.

Moti war sehr enttäuscht, doch eine innere Stimme riet ihm, dem Kaufmann nicht mehr zu glauben. So nahm er seine rosa Perle wieder an sich und sprach: „Gut, da läßt sich nichts tun. Wenn sie nicht einmal ein einziges Kupferstück wert ist, dann will ich sie mir zum Andenken daran aufbewahren, wie ich alle Haie in der Schwarzen Bucht überlistete."

Der Kaufmann bot Moti eilig drei Kupferstücke an, doch dieser blieb bei seinem Entschluß, und das Drängen des anderen verstärkte nur sein Mißtrauen und seinen Verdacht, daß ihn der Kaufmann betrüge.

Als der Kaufmann das Dorf wieder verlassen hatte, um die Perlen mit großem Gewinn bei seinem Herrscher am Hofe zu veräußern, wickelte Moti seine rosa Perle in ein seidenes Tüchlein und begab sich auch in die Hauptstadt.

Er fand den Palast des Herrschers und ließ sich bei ihm melden. Als er vor dem Thron stand, kniete er nieder und entfaltete sein seidenes Tüchlein. Da leuchtete die große rosa Perle auf wie der allerkostbarste Diamant.

„Wie gelangtest du zu dieser schönsten Perle, die meine Augen je erblickten?" fragte ihn der Herrscher freundlich.

Und Moti erzählte, wie er in der Schwarzen Bucht Perlen fischte, wie er dabei das Haifischrudel und schließlich auch dessen Anführer Makar vernichtete und auch, daß ihm der Kaufmann für seine weißen Perlen nur ein paar Kupferstücke zahle und ihm für diese rosa Perle zwei Kupfermünzen geben wollte.

„Und da diese rosa Perle die größte und schönste Perle ist, die ich jemals fischte", beendete Moti seinen Bericht, „bringe ich sie dir zum Geschenk dar."

Der Herrscher fand an Moti und seinen Worten großes Gefallen. Sogleich ließ er seinen ersten Ratgeber zu sich rufen und erteilte ihm zwei Befehle. Der erste lautete, dem Kaufmann mit den Perlen zwei Bewaffnete entgegenzuschicken und ihm auf dem Hofe des Palastes einhundertundacht Schläge mit dem Bambusstock auf die nackten Fußsohlen zu versetzen. Der zweite lautete, Moti aus der Staatskasse einhundertundacht Gulden auszuzahlen. Dann verabschiedete der

Herrscher den Knaben und trug ihm auf, alle Perlen, die er fischte, direkt zu ihm zu bringen. So bekäme er einen gerechten Lohn für sie.

Dann aber kehrte der reiche Moti mit einem Beutel voller Gulden zu seiner Mutter heim nach Matschlipur, und sie lebten miteinander glücklich und zufrieden. Nach einiger Zeit nahm Moti ein Mädchen zur Frau. Durch seine herrlichen Perlen wurde er nicht nur am ganzen östlichen Ufer, sondern auch weit im Innern des Landes berühmt.

Dieses Märchen hatte allen sehr gefallen, und um Dschagannath auch zu zeigen, wie sehr, riefen sie begeistert: „Wah, wah!“ Der fahrende Sänger griff zu seiner Iktar und spielte ein kurzes Lied. Dann sang er:

„Ist auch das Märchen trügerisch,
ein Körnchen Wahrheit birgt's in sich.
Was ist Wahrheit, was ist Schein —
finden mußt du es allein.“

Und er begann ein neues Märchen.

# König Dschaswant von Gudscharat und die Schicksalgöttin

Im Lande Gudscharat lebte einst der freundliche und weise König Dschaswant. Diesem König lag das Wohlergehen und Glück seiner Untertanen mehr am Herzen, als seine eigene Ruhe und Bequemlichkeit. Häufig mischte er sich, verkleidet, unter sein Volk, um das Leben der einfachen Menschen mit eigenen Augen zu sehen und noch besser kennenzulernen. Und wo er Armut oder Unglück antraf, da bemühte er sich stets, zu helfen.

Einmal kam er in ein kleines Dorf, und da es schon Abend wurde, bat er beim Dorfältesten um ein Nachtlager.

Der Älteste und seine Frau nahmen den fremden Gast freundlich auf, boten ihm ein Mahl dar, und dann legten sich alle schlafen. In der Nacht aber genas die Frau des Dorfältesten eines Knäbleins.

Als alle wieder eingeschlummert waren und der König allein noch wachte, sah er plötzlich eine überirdisch schöne Frauengestalt an die Wiege herantreten. Sie trug ein Gefäß mit Kumkum-Tinte und eine Rohrfeder, deren Halter mit Perlen geschmückt war. Die göttliche Frau ergriff die Hand des Knaben und zeichnete auf der Innenfläche verschiedene Linien. Das waren seine Schicksalslinien. Sie zeichnete sehr sorgfältig eine Linie nach der anderen, doch als sie gerade die Lebenslinie zog, brach die Feder plötzlich ab, und die Lebenslinie blieb unvollendet.

Da wurde die Frau traurig und wandte sich zum Gehen. König Dschaswant aber sprang von seinem Lager auf und sprach sie an: „Wer bist du? Ein Trugbild oder ein menschliches Wesen?"

„Laß mich gehen, König", erwiderte die Frau freundlich. „Ich bin Widhatri, die Göttin des Schicksals. Ich kam, um dem Söhnlein des Dorfältesten sein Schicksal in die Hand zu schreiben. Doch als ich gerade die Lebenslinie zog, brach meine Feder."

„Und was bedeutet das?" fragte König Dschaswant voll böser Ahnung.

„Das bedeutet", antwortete die Göttin, „daß der Knabe bald sterben muß. Und es wird geschehen, wenn er gerade achtzehn Jahre alt ist und Hand in Hand mit seiner Braut das heilige Hochzeitsfeuer umschreitet. Dann wird sich ein schrecklicher Löwe auf ihn stürzen und ihn töten." Und mit diesen Worten verschwand die Göttin des Schicksals.

Der König dachte bei sich: „Das darf ich nicht zulassen. Wenn ich es vorher weiß, muß ich alle meine Kräfte anspannen, um dieses furchtbare Schicksal zu verhüten." Und er konnte bis zum Morgen keine Ruhe mehr finden. Als es hell wurde, verabschiedete er sich vom Dorfältesten und seiner Frau, beschenkte sie reich für das Nachtlager und die Bewirtung und sprach schließlich: „Ich bin euer König Dschaswant, doch ihr kanntet mich nicht. Trotzdem nahmt ihr mich liebevoll und freundlich in euer Heim auf und bewirtetet mich vorzüglich. Ich habe noch eine Bitte an euch. Vergeßt nicht, mich zur Hochzeit eures Söhnleins zu laden, das euch heute nacht geboren wurde! Ich bitte euch darum in aller Dringlichkeit!" Diese Bitte versprach ihm das Paar sehr gern zu erfüllen, und die Eltern vergaßen ihr Versprechen nicht.

Achtzehn Jahre nach diesem Tage fand das feierliche Hochzeitsfest des Sohnes statt. Da näherte sich dem Dorfe ein prächtiger Königszug. König Dschaswant saß auf einem großen weißen Elefanten, seine Höflinge umgaben ihn auf feurigen Rappen, und seine Soldaten folgten auf edlen Braunen. Aus dem Dorfe tönten ihnen zur Begrüßung Trommeln und Trompeten, Hörner und Tschinellen entgegen, und alle Einwohner kamen zusammen, um ihren König zu begrüßen und sich ehrerbietig vor ihm zu verneigen.

Der König stieg vor dem Haus des Dorfältesten von seinem Elefanten herab, begrüßte alle Hochzeitsgäste und überreichte dem Brautpaar sein königliches

Geschenk — eine prachtvolle Truhe voller Gulden, die reich mit Edelmetallen beschlagen war.

Die Höflinge und Soldaten des Königs hatten ihre Befehle erhalten und umzingelten das ganze Dorf Mann neben Mann, so daß keine Maus eindringen konnte. Auf diese Weise wollte König Dschaswant dem Schicksal in den Arm fallen.

Und dann begann die Hochzeitszeremonie. Der Dorfpriester sprach die einleitenden Worte, Bräutigam und Braut faßten einander bei der Hand und umschritten das heilige Feuer, wobei sie ihm ihre rechte Seite zukehrten. Alle Gäste schauten schweigend zu, und König Dschaswant umschloß sein mächtiges Schwert fester mit der Rechten und spähte um sich, ob sich nicht der Löwe nähere, von dem vor achtzehn Jahren die Schicksalsgöttin Widhatri gesprochen hatte. Er konnte jedoch nichts Verdächtiges erblicken. Das Brautpaar hatte das heilige Feuer schon fast umrundet, da ertönte auf einmal das furchtbare Brüllen eines Löwen. Von einem Tonkrug, der auf einem Podest stand und dessen Wände mit verschiedenen Tierbildern geschmückt waren, sprang der Löwe herab! Dieser riesige Löwe warf sich auf den Bräutigam, biß ihn in den Hals und kehrte auf seinen Platz am Krug zurück, der auf dem Podest stand. Niemand hatte das Furchtbare verhindern können. Der Angriff des Löwen war so plötzlich und überraschend gekommen, daß auch König Dschaswant mit seinem Schwert nicht mehr eingreifen konnte.

So endete die Hochzeit vorzeitig und in großer Trauer. Der Priester schritt in den Tempel, um den Göttern zu opfern, und die Hochzeitsgäste gingen trauernd und bedrückt auseinander.

König Dschaswant bat den Dorfältesten und seine Frau, ihm zu erlauben, den toten Körper ihres Sohnes mit sich in die Hauptstadt zu führen. Er sprach zu ihnen: „Daß ich euren Sohn nicht vor dem Tode bewahren konnte, obwohl ich mich so sehr darum bemühte, kann mich nicht daran hindern, noch zu versuchen, ihm das Leben wiederzugeben."

Die Eltern gewährten ihm seine Bitte, denn der plötzliche und absonderliche Tod ihres Sohnes lähmte ihre Gedanken so, daß sie vergaßen, daß nach den heiligen Büchern eine Begräbniszeremonie stattfinden müsse. So überführte König Dschaswant den leblosen Körper des jungen Bräutigams in seinen Palast in der Hauptstadt.

Dort befahl er, ihn auf einem Marmorlager im kühlen Kellergewölbe niederzulegen und mit duftenden Salben zu bestreichen. Dann beriet er sich mit den berühmtesten Ärzten, aber auch mit den weisen alten Kräuterweiblein, doch niemand konnte ihm sagen, wie ein Mensch zu neuem Leben erweckt werden könne, der durch einen Löwenbiß den Tod fand.

Da beschloß der König, selbst Heilpflanzen und Wurzeln zu suchen. Er streifte durch Wälder und Dschungel und pflückte jede besondere und eigenartige Pflanze, die er nur finden konnte. Dann probierte er die Wirkung all ihrer Teile aus — der Wurzeln und Blätter, Blüten, Früchte und Rinde. Doch alles vergebens, der Sohn des Dorfältesten war und blieb tot und starr.

Nach vielen Wochen, als König Dschaswant wieder einmal im Wald nach Heilkräutern und Wurzeln suchte, erblickte er ein loderndes Feuer. Eilig näherte er sich den Flammen, aus denen eine menschliche Stimme rief: „König Dschaswant, König Dschaswant! Errette mich aus den Flammen, oder ich verbrenne!"

Der König zögerte keinen Augenblick und sprang ins lodernde Feuer. Dort erblickte er eine zusammengerollte Kobra. Schnell ergriff er die Schlange und trug sie aus den Flammen.

Da sprach die Kobra: „Habe Dank, König Dschaswant! Du hast mich von den Flammen befreit, in die mich einst der Heilige Narada warf, weil ich ihn beleidigte. Ohne deine Hilfe müßte ich hier im Feuer ewig leiden."

„Danke mir nicht, Kobra", wehrte König Dschaswant ab. „Ich half dir gern in deinem Unglück. Ich würde dir auch jederzeit wieder helfen."

Die Kobra erwiderte: „Ich möchte mich gern erkenntlich zeigen. Könnte ich dir behilflich sein?"

„Ich selbst brauche keine Hilfe", antwortete König Dschaswant, „doch vielleicht könntest du einem Jüngling helfen, der nach dem Beschluß des Schicksals sterben mußte. Ich wollte ihn zu neuem Leben erwecken und seiner Braut und den Eltern zurückgeben."

Die Kobra schaute den König an und sprach zu ihm: „Komm mit in meine Höhle, dort werde ich dir etwas geben." Dann schlängelte sie vor dem König her noch tiefer in den Wald hinein. Als sie die Höhle erreicht hatten, forderte die Kobra den König auf, ein Weilchen zu warten. Dann kroch sie in ihre Behausung und kehrte gleich darauf mit einem tönernen Fläschchen zurück.

„Nimm dieses Fläschchen, König Dschaswant", sprach sie zu ihm. „Es enthält den Nektar des Schlangenkönigs, den einst mein Urgroßvater vom König aller Schlangen, Drachen und Eidechsen für seine Dienste erhielt. Träufelst du dem Toten nur einige Tropfen davon auf die Lippen, dann erwacht er im gleichen Augenblick zu neuem Leben."

König Dschaswant nahm das Fläschchen dankbar entgegen, verabschiedete sich von der Kobra und eilte in seinen Palast zurück. Im Kellergewölbe tröpfelte er dann einige Tropfen des Schlangennektars auf die Lippen des leblosen Jünglings. Im selben Augenblick erbebte der Sohn des Dorfältesten, öffnete seine Augen und sprach mit leiser Stimme: „Wo bin ich? Was ist mit mir geschehen?"

„Nun ist alles wieder gut, du lebst wieder", erwiderte König Dschaswant froh.

Die Schicksalsgöttin Widhatri erschien vor dem König und sprach: „König Dschaswant, du hast das Schicksal besiegt! Das gelang bisher noch keinem Sterblichen, du mutiger und ausdauernder König! Dein Leben möge lang und glücklich sein, denn nur jener, der sich nicht dem Schicksal beugt, sondern ihm trotzt, ist es wert, auf dieser Welt zu leben.“ Damit verschwand sie wieder.

König Dschaswant aber ritt mit dem Jüngling in sein Heimatdorf zu Braut und Eltern, und nun konnte die Hochzeit doch noch glücklich zu Ende gefeiert werden. Und es war eine so fröhliche und prächtige Hochzeit, daß man noch lange Jahre in ganz Gutscharat davon erzählte.

Ganz in der Nähe schrie ein Käuzchen. Der wandernde Sänger nahm seine Iktar zur Hand und spielte ein kurzes Lied. Dann sang er:

„Ist auch das Märchen trügerisch,
ein Körnchen Wahrheit birgt's in sich.
Was ist Wahrheit, was ist Schein —
finden mußt du es allein."

Und er begann ein neues Märchen.

# Die Erbschaft

In einem kleinen Dorf unweit Peschawar lebte einst ein alter Hirte. Er besaß siebzehn Kamele und drei Söhne. Der älteste Sohn hieß Hussain, der mittlere Hassan und der jüngste hörte auf den Namen Hassin.

Eines Abends, als alle beieinander saßen und ihr bescheidenes Mahl verzehrten, sprach der Vater zu seinen Söhnen: „Meine lieben Söhne, ich bin mit euch zufrieden. Ihr seid tüchtig und sorgt gut für unsere Kamelherde, so daß uns Not und Elend nichts anhaben können. Eines jedoch befürchte ich. Wenn ich einmal sterbe, und das wird nicht mehr lange dauern, dann werdet ihr in Streit geraten, und Zwietracht wird euch beherrschen."

Hussain und die anderen Söhne versicherten dem Vater, daß seine Befürchtungen überflüssig wären und sie auch weiterhin gemeinsam ihre Kamele besorgen würden. Der alte Vater schüttelte das Haupt: „Ich kenne euch alle drei von klein auf, und ich kenne die menschliche Natur. Ich will daher verhüten, daß ihr in Unfrieden geratet. Deshalb bestimme ich, daß ihr die Kamele nach meinem Tode wie folgt untereinander teilt: Der Älteste, Hussain, bekommt die Hälfte der Herde. Der Mittlere, Hassan, erhält ein Drittel, und dem Jüngsten, Hassin, wird ein Neuntel gehören. Merkt es euch gut, nehmt euch nach meinem Tode jeder seinen Teil und lebt in Frieden weiter."

Die Söhne versprachen ihrem Vater, nach seinem Wunsche zu handeln, und dann gingen alle zur Ruhe. Als die Söhne am nächsten Morgen erwachten, bemerkten sie, daß ihr Vater in der Nacht gestorben war.

Nach dem Begräbnis wollten die drei Söhne ihre Erbschaft, dem Wunsche des Vaters gemäß, aufteilen. Doch ihre Rechnung wollte und wollte nicht aufgehen.

Der Älteste, Hussain, sprach: „Der Vater vermachte mir die Hälfte unserer Kamele. Die Hälfte von siebzehn ist achteinhalb. Wie aber kann ich mir ein halbes Kamel nehmen. Wir werden die Zahl aufrunden, und ich nehme mir neun."

„Das geht nicht!" schrie Hassan, der mittlere Bruder. „Das wäre ungerecht. Du bekamst ohnehin den größten Anteil. Nimm dir nur acht, und Hassin und ich werden den Rest gerecht untereinander teilen."

Doch Hussain wehrte sich: „Da würdet ihr mich um ein halbes Kamel betrügen. Natürlich geht es mir nicht um das halbe Kamel, doch des Vaters Wunsch muß uns heilig sein!"

Da mischte sich der Jüngste, Hassin, ins Gespräch: „Und wie wäre es, wenn wir das strittige Kamel verkauften? Die Hälfte seines Erlöses bekäme Hussain, und die andere Hälfte würden Hassan und ich redlich miteinander teilen."

Hassan lehnte diesen Vorschlag entschieden ab: „Schade um das Kamel! Es wird nicht verkauft."

Und so stritten sie lange miteinander und konnten sich nicht einig werden. Schließlich meinte Hassin: „Also dann machen wir es so: ein Kamel schlachten wir. Die Hälfte davon bekommt Hussain, mag er damit tun, was ihm beliebt, und mit unserer Hälfte richten wir ein Gastmahl zu Ehren unseres Vaters aus."

Hussain und Hassan riefen wie aus einem Munde: „Er will umsonst das ganze Dorf füttern!"

Hassin beschwichtigte sie: „So streitet doch nicht, Brüder! Wir werden uns irgendwie gütlich einigen. Ich habe einen Einfall. Wir teilen die Herde nur vorläufig und derjenige, der zufällig etwas mehr erhält, gibt jenem, der weniger bekommt, ein oder zwei Kamelfohlen, wenn sie geboren sind."

Da sprangen der älteste Bruder Hussain und der mittlere Bruder Hassan empört auf und riefen einer immer lauter als der andere: „Das gibt es nicht! Was ist, wenn die Stuten eingehen? Das könnte dir so gefallen, umsonst zu Fohlen zu kommen! Und was wird, wenn unter den Kamelen eine Seuche ausbricht?"

Hassin begann nun seinerseits zu schreien: „So laßt mich doch in Ruhe oder schlagt etwas besseres vor!"

Da ritt gerade ein Fakir auf seinem uralten klapprigen Kamel an ihrer Hütte vorbei. Er hörte das Geschrei und den Streit und fragte mit freundlicher Stimme: „Warum streitet ihr, Brüder? Wißt ihr denn nicht, daß durch Ärger und Streit das Blut gerinnt und die Leber erkrankt?"

Hassin gab ihm zur Antwort: „Ehrwürdiger Alter, wir gerieten in Streit miteinander und wissen kaum, wie es geschah."

„Ihr wart doch aber alle dabei, oder etwa nicht?" fragte der Fakir ungläubig.

„Das schon", meinte nun Hussain, „doch wir wollten uns gar nicht streiten. Es kam von ganz allein dazu, denn es gelingt uns nicht, die Erbschaft unseres Vaters aufzuteilen."

Und alle drei Brüder berichteten dem Fakir, daß ihnen der Vater siebzehn Kamele hinterlassen und gesagt hätte, wie groß der Anteil eines jeden sein solle. Doch nun könnten sie zu keinem Resultat kommen.

„Nun, Brüder", sprach da der weise Fakir, „ich will euch behilflich sein. Nehmt mein Kamel hier mit dazu, und dann teilt euch die ganze Herde und streitet nicht mehr."

„Aber das können wir doch nicht von euch annehmen, guter Mann", riefen die Brüder einstimmig. „Wie könnten wir dich um dein einziges Gut bringen?"

„Nehmt es nur", erwiderte der Fakir lächelnd. „Wenn Allah will, dann wird mir nichts verloren gehen."

Da nahmen die Brüder das Geschenk des Fakirs an, so daß ihre Herde nun achtzehn Kamele zählte. Sie teilten sie nach dem Wunsche des Vaters: Der Älteste, Hussain, bekam eine Hälfte, das sind neun Kamele; der Mittlere, Hassan, erhielt ein Drittel, also sechs Kamele; und der Jüngste, Hassin, bekam ein Neuntel, also zwei Kamele.

Wie aber staunten die Brüder — das Kamel des alten Fakirs war überzählig!

Der Fakir stieg auf sein Kamel, nickte ihnen freundlich zu und sprach: „Nun seht ihr, Brüder, daß Streit zu nichts Gutem führt und sich in Frieden alles viel besser lösen läßt."

Und er ritt seiner Wege.

Die Nacht war schon fortgeschritten. Der fahrende Sänger nahm seine Iktar zur Hand und spielte ein kurzes Lied. Dann sang er:

„Ist auch das Märchen trügerisch,
ein Körnchen Wahrheit birgt's in sich.
Was ist Wahrheit, was ist Schein —
finden mußt du es allein."

Und er begann ein neues Märchen.

# Der falsche Weise

In einer kleinen Stadt Harijanas ließ sich einst ein Wandergeselle mit seinen Kumpanen nieder. Dem Stadtvolk, das neugierig war und ihn und seine Gesellen fragte, wer sie seien und woher sie kämen, redete er ein, ein heiliger Mann und Weiser zu sein, der an allen berühmten Universitäten studiert hätte, und dessen Weisheit in der Welt nicht seinesgleichen fände. Seine Kumpane aber gab er als seine Schüler aus und behauptete, auch sie wären überaus weise.

Die Leute glaubten ihm, denn sie waren von Natur aus vertrauensselig.

Der falsche Weise ließ verlautbaren, er wolle mit jedem, dem es gefallen möge, ein Streitgespräch führen, und zwar über jedes beliebige Thema. Es fanden sich viele Leute, die ein solches Gespräch führen wollten. Der angebliche Weise setzte seine Worte so listig, daß sie in dem Streitgespräch unterlagen. Der Betrüger hatte zur Bedingung gemacht, daß vor Beginn jeden Gesprächs ein Einsatz festgelegt werden müsse, den der Verlierer dem Gewinner zu geben habe, und es versteht sich von selbst, daß der Gauner es so einrichtete, daß dieser Einsatz nicht gerade gering war. Er schlug immer eine größere Geldsumme, Reis oder Butter, Mehl oder andere Lebensmittel vor. So hatten er und seine Gesellen ein bequemes Leben, und sie brauchten nicht zu arbeiten.

Der Bürgermeister des kleinen Städtchens wollte dem falschen Weisen gern das Handwerk legen, doch nach dem Gesetz konnte er ihm nichts anhaben. Da beschloß er, sich auch zu dem Streitgespräch zu melden, und gut dabei acht zu geben, um nicht auch übers Ohr gehauen zu werden. Der falsche Weise empfing

ihn ganz ehrerbietig und fragte: „Worüber möchtest du dich mit mir unterhalten, Herr?"

„Nun, vielleicht darüber, was es nicht gibt", erwiderte der Bürgermeister.

„Gut, Herr", stimmte der falsche Weise zu. „Sage mir also, gibt es den Berg Kailas?"

Der Bürgermeister antwortete wahrheitsgemäß: „Es gibt ihn."

„Und sahst du ihn?" fragte der falsche Weise weiter.

Der Bürgermeister bekannte wahrheitsgemäß: „Nein, ich sah ihn nie."

„Und kennst du jemand, der ihn sah?" fragte der Betrüger listig weiter.

„Nein, ich kenne niemand, der ihn sah", erwiderte der Bürgermeister.

Da sagte der Gauner: „Also gibt es den Berg Kailas überhaupt nicht, und du hast verloren!"

Der Bürgermeister fühlte sich überrumpelt und entgegnete: „Das ist nicht wahr! Den Berg Kailas gibt es doch, auch wenn ich ihn niemals sah!"

Doch da erhoben die angeblichen Schüler des falschen Weisen ein lärmendes Geschrei: „Verloren! Verloren! Verloren!"

Und der Bürgermeister mußte dem falschen Weisen alles geben, was sie vorher vereinbart hatten.

Das tat ihm sehr leid. Dabei kränkte ihn weniger, daß er verloren hatte, sondern vielmehr, daß ihm Unrecht geschehen und der Gauner es verstanden hatte, auch ihn zu betrügen. Zu Hause berichtete er seiner Frau ganz betrübt, wie es ihm ergangen war. Da sprach diese: „Du hättest dich mehr in acht nehmen sollen. Du wußtest doch, daß er ein Betrüger ist. Mach dir keine Sorge, wir erwischen ihn noch. Morgen werde ich mit ihm ein Gespräch führen, und es müßte mit dem Teufel zugehen, wenn ich den Kerl nicht in die Enge treiben könnte!"

Der Bürgermeister war recht erstaunt, daß seine Frau es wagen wollte, einen so gerissenen Betrüger zu überlisten. Andererseits kannte er sie gut genug, um zu wissen, daß sie klug war.

Am nächsten Tag suchte die Frau des Bürgermeisters den falschen Weisen am frühen Morgen auf. Sie brachte einige ihrer Freundinnen mit.

„Ich will ein Streitgespräch mit dir führen, Weiser", begann sie ohne Umschweife. „Diese hier", und sie wies auf ihre Freundinnen, „sind meine Schülerinnen. Sicher wirst du nichts dagegen einzuwenden haben, daß sie an unserem Disput teilnehmen, wie auch wir mit der Teilnahme deiner Schüler einverstanden sind."

Der falsche Weise mußte zustimmen, und als sich alle niedergelassen hatten, fragte er: „Was steht als Einsatz?"

„Ich biete als Einsatz all meinen Besitz", erwiderte die Frau des Bürgermeisters. „Von dir verlange ich als Einsatz ein einziges Haar deines Bartes."

Ihre Worte überraschten den Betrüger. „Warum begnügst du dich mit einer so wertlosen Sache?“ fragte er.

„Die Sache ist nicht so wertlos, wie du vermeinst“, entgegnete die Frau. „Doch beginnen wir nun mit unserem Disput.“

Da begann der angebliche Weise: „Worüber möchtest du dich mit mir unterhalten, Frau?“

„Nun, vielleicht über die Allmacht der ewigen Götter“, antwortete die Frau des Bürgermeisters.

„Gut, ich bin einverstanden“, stimmte der falsche Weise zu. „Sage mir also, Frau, was du darüber denkst.“

„Die ewigen Götter“, antwortete die Frau des Bürgermeisters, „sind nicht allmächtig. Das verkünden die Priester nur, weil es in ihrem Interesse liegt und sie dadurch Vorteile erlangen.“

Der falsche Weise lachte: „Du hast verloren, denn die ewigen Götter sind allmächtig und können alles tun, was sie wollen!“

Seine angeblichen Schüler begannen sogleich zu lärmen. Sie klatschten in die Hände und riefen: „Verloren! Verloren! Verloren!“

„Nichts habe ich verloren!“ gebot ihnen die Frau. „Sage mir also, du Weiser, ob die allmächtigen Götter einen Berg erschaffen können, der so schwer ist, daß sie ihn selbst nicht davontragen können? Oder können sie ein so großes Meer erschaffen, das sie selbst nicht überqueren können? Oder eine so lange Zeitspanne, die sie selbst nicht überleben können?“

Da blieb der Weise still. Wie er auch antworten mochte — es zeigte sich, daß die ewigen Götter nicht allmächtig sind.

Da brachen die Freundinnen der Frau des Bürgermeisters in Gelächter aus, klatschten in die Hände und riefen: „Verloren! Verloren! Verloren!“ Dabei tanzten und sprangen sie vor Freude.

Die Frau des Bürgermeisters erhob sich und sprach: „Du hast verloren, Weiser! Gib mir also ein Haar aus deinem Bart.“ Damit trat sie an ihn heran und riß ihm ein Barthaar aus.

Dann rief sie laut: „Jedes Haar dieses weisen Mannes besitzt Zauberkräfte! Wenn ihr nur ein einziges Haar in einen leeren Sack steckt, in dem sich nur noch ein, zwei Reiskörner befinden, dann füllt sich gleich der ganze Sack mit Reis, und ihr könnt davon nehmen, soviel ihr wollt, es wird doch nie weniger werden. Nehmt ihr aber ein einziges Haar und werft es in einen leeren Krug, in dem zwei, drei Tropfen ausgelassener Ghi-Butter sind, dann füllt sich der Krug gleich bis zum Rand mit Butter, und ihr könnt davon nehmen, soviel ihr wollt, es wird nie weniger werden. Und wenn ihr nur ein einziges dieser Barthaare in eine leere Truhe werft, in der sich nur noch zwei, drei kleine Münzen befinden, dann füllt sich die Truhe gleich bis obenhin mit Geld, und soviel ihr auch davon nehmt, es wird nie abnehmen! Das sind die Zauberkräfte, die in seinen Barthaaren verborgen liegen, und deshalb forderte ich als Einsatz auch nur ein einziges seiner Haare!“

Die Kumpane des falschen Weisen waren außer sich. „Nichts hast du uns davon verraten!“ warfen sie ihm vor. „Und du willst unser Freund sein?“ Dann fielen sie über ihn her und rauften ihm seine Barthaare aus.

Der falsche Weise wehrte sich vergeblich, rief vergeblich, daß das nicht der Wahrheit entspräche. Sie glaubten ihm nicht, und gegen ihre Übermacht konnte er nichts ausrichten. Als sie schließlich von ihm abließen, überfielen ihn die Freundinnen der Frau des Bürgermeisters, denn jede von ihnen wollte ihm wenigstens eins dieser Wunderhaare ausreißen.

Die Sache hatte sich herumgesprochen, und die Leute liefen aus dem ganzen Städtchen zusammen, drängten sich um den Betrüger und versuchten, ihm die letzten Haare seines stolzen Bartes auszureißen.

Er war völlig verzweifelt. Mit nacktem Kinn zog er aus dem Städtchen ab und sicher weit weg, denn nie wieder hörte man etwas von ihm.

Der fahrende Sänger Dschagannath hatte sein letztes Märchen beendet. Die Einwohner von Bhimaschankar gingen lachend auseinander und strebten ihren Hütten zu. Dschagannath hatte sich schon bei seiner Ankunft im Dorf einen kleinen hölzernen Tempel des Gottes Gorakhnath, dessen Eingang traulich von einem Vordach geschützt wurde, als Unterkunft erwählt, denn Bimaschankar ist ein sehr, sehr kleines Dorf, und die Hütten seiner Einwohner waren enger als irgendwo anders.

Früh am Morgen, als die Sonne emporstieg, wusch sich Dschagannath im Tempelbecken und kochte sich über einem kleinen Feuer seinen Tee. Die Bauern von Bhimaschankar aber gingen an ihr Tagwerk.

Und dann nahm Dschagannath sein Musikinstrument, die Iktar, und das kleine Bündel, in dem sich all seine Habe befand, und verließ das Dorf Bhimaschankar. Die Regenzeit stand dicht bevor, und der fahrende Sänger lenkte seine Schritte heimwärts, nach Mantschar.

Vor der Regenzeit kehren in Indien alle Menschen nach Hause zurück. Die Karawanen beenden ihre langen Reisen, die Wandermönche suchen die Klöster auf, die Kaufherren und Händler stapeln ihre Waren in den Lagern und bringen zu Hause ihre Rechnungen in Ordnung; die Pfauen beginnen zu tanzen und strecken ihre durstigen Schnäbel dem wolkenverhangenen Himmel entgegen, der belebende Feuchtigkeit verspricht, und das ganze Land wartet auf den erlösenden Regen, damit er den Boden von neuem befruchte und eine reiche Ernte reifen lasse.

Auch Dschagannath kehrte nach Hause zurück. Doch wenn die Regenzeit vorüber ist, und bis dahin werden nur zwei Monate vergehen, dann begibt er sich von neuem auf eine lange Wanderung durch Dörfer und Städtchen, und überall erzählt er den Menschen seine Märchen, die zwar unwahrscheinlich klingen, aber dennoch den süßen Kern der ewigen Wahrheit und eine tiefe Weisheit in sich bergen.

# INDIENS MÄRCHEN UND SAGEN

Die Grenze zwischen dem Märchen und der realen Wirklichkeit verläuft in Indien nicht so scharf wie in Europa. Vielleicht liegt das daran, daß dort nicht nur Kinder, sondern auch Erwachsene den Märchen lauschen. Die Welt der Heroen ist in Indien eng mit dem Leben der heutigen Menschen verbunden, und die handelnden Gestalten der Märchen und Sagen sind häufig Menschen, die in ferner Vergangenheit tatsächlich einmal lebten.

Das trifft zum Beispiel auf die Geschichte vom tapferen König Prithwiradsch zu, der wirklich in den Jahren 1179 bis 1192 regierte, oder auf den „schwarzen" Krischna aus der Dynastie Jaduowa, von dem wir zwar keine zuverlässigen Daten besitzen, da er später zum Gott erhoben und in der Religion als Verkörperung des Gottes Wischnu begriffen wurde, doch lebte er irgendwann in den letzten Jahrhunderten vor Beginn unserer Zeitrechnung. Auch der abenteuerliche König Wikram aus Udschdschajini ist eine historisch belegte Persönlichkeit aus dem ersten Jahrhundert u. Z., dem allerdings die Phantasie des Volkes im Laufe der Jahrhunderte unzählige Märchenmotive zuschrieb.

Die indischen Märchen sind oft sehr genau lokalisiert, auch dann, wenn keine historischen Gestalten in ihnen auftreten. So lebte zum Beispiel die Seeprinzessin Minakschi angeblich im Sambhar-See unweit Dschaipurs in Radshasthan, und die drei Brüder, die sich nicht einigen konnten, wie sie das väterliche Erbe untereinander aufteilen sollten, waren in der Nähe Peschwars im heutigen Pakistan zu Hause.

Dschasu und seine Brüder sind zwar auch nicht historisch bewiesen, doch die Gond leben noch heute im Gebiet des Mahanadi-Flusses. Die Seefahrt der Königssöhne nach Kambodscha ist zweifellos eine Widerspiegelung der historischen Wirklichkeit — bereits zu Beginn unserer Zeitrechnung segelten die ersten indischen Kolonisten nach Osten. Kambodscha brachten sie gleich im 1. Jahrhundert unter ihre Herrschaft und verherrlichten es als ein „Land, in dem es unermeßlich viel Reis, Zuckerrohr und andere ausgezeichnete Früchte" gäbe.

Einige Märchen unserer Auswahl sind schon sehr alt, sie entstanden bereits vor der Zeitenwende, wie zum Beispiel „Das Schloß im Meer", „Vom braven Elefanten" oder „Wie die Vögel ihren König wählten", andere wieder stammen aus jüngerer Zeit. Hinsichtlich ihres geographischen Ursprungs kommen die Märchen und Sagen aus den verschiedensten indischen Gebieten vom Nordwesten bis zum Osten und sind der Kultur sehr unterschiedlicher gesellschaftlicher

Schichten und nationalen Gruppen entnommen: der indo-arischen Gudscharat und Bengalen bis hin zu den drawidischen Gond und den austro-asiatischen Khasi.

Es ist ganz klar, daß sich in jedem Märchen mehr oder weniger die Weltanschauung, Kultur und Kunst der Gesellschaftsordnung widerspiegelt, in der das Märchen entstand, sowie das Sein und Bewußtsein ihrer einzelnen Schichten und Klassen. Uns aber sind die indischen Märchen und Sagen nicht nur räumlich und zeitlich, sondern auch durch unsere völlig andere Weltanschauung sehr fern. Deshalb ist es erforderlich, daß wir zunächst die indische Wirklichkeit richtig begreifen und verstehen lernen, denn ohne dies bleiben uns auch ihre Märchen und Sagen fremd und unbegreiflich. Das betrifft beispielsweise die Unterteilung der indischen Gesellschaft entsprechend ihrer Berufsgruppen und Herkunft in Kasten, die Vorstellungen des Buddhismus, der in Indien vorherrschenden Religion, über den Kreislauf des Lebens, demzufolge jedes Wesen früher oder später nach seinem Tode als ein anderes, neues Geschöpf wiedergeboren wird, oder die indischen Götter, die sich nach den Vorstellungen des Volkes wie Menschen mit all ihren Schwächen verhalten und mit den irdischen Menschen in ständigem Kontakt stehen.

V. M.